Clemens Maria Mohr

111 Tipps für ein besseres Leben

Bibliografische Information der Deutschen Nationalbibliothek:
Die Deutsche Nationalbibliothek verzeichnet diese Publikation in der Deutschen Nationalbibliografie; detaillierte bibliografische Daten sind im Internet über http://dnb.d-nb.de abrufbar.

Neuauflage 2013
Covergestaltung und Bild: Michael Bäter,
Agentur Zeilenspiel, Kirchheim a. d. W.

Herstellung und Verlag:
BoD – Books on Demand

ISBN 978-3-8334-5637-4

Sehr geehrter Leser,

die 111 Tipps für ein besseres Leben enthalten ganz verschiedene Themenbereiche des täglichen Lebens. Die Palette der Empfehlungen führt vom Ärgern, über das Glück und das Selbstbewusstsein bis hin zu einem erfolgreicheren Umgang mit seinen Mitmenschen.
Die Tipps sind in ca. einer Minute gelesen. Benutzen Sie das Buch am besten täglich mit nur einem Tipp und setzen Sie an diesem Tag die Empfehlung in die Tat um. So haben Sie einen optimalen Lernerfolg.

Den können Sie zusätzlich steigern, wenn Sie sich das Video "Der Positive Tagestipp" mit 50 weiteren Tipps besorgen. Hierdurch erweitern Sie nicht nur die Anzahl der Tipps, sondern Sie haben auch die Möglichkeit quasi live aus dem Fernsehen - vom Fachmann persönlich - angesprochen zu werden.

Ich wünsche Ihnen viel Erfolg bei der Umsetzung der Tipps!

Clemens Maria Mohr

Tipp Nr. 1

Ärgern Sie sich manchmal?
Sicher, jeder ärgert sich hin und wieder.

Aber, es gibt da einen ganz interessanten Punkt:
Wir sagen doch jedesmal, wenn wir uns ärgern: Ich ärgere mich ... über irgendjemanden oder über eine bestimmte Situation. Aber ICH ärgere MICH.

Da hat also sonst niemand damit zu tun. Ich ärgere mich ganz alleine!
Und wenn ich der einzige bin, der mich ärgert, ja, dann kann ich es auch bleiben lassen.

Zugegeben: die äußeren Bedingungen sind schon manchmal zum aus der Haut fahren. Aber mal ehrlich! Haben wir schon wirklich etwas dadurch verändert, dass wir uns geärgert haben?

Sicher nicht! Sogar im Gegenteil. Wenn wir - uns selbst - ärgern, bekommen wir vielleicht noch Magenschmerzen oder sogar Magengeschwüre. Der andere, der diesen Ärger verursacht hat, merkt gar nichts davon. Ziemlich blöd, nicht wahr!?

Deshalb, wenn wir das nächste Mal meinen, wir müssten uns ärgern, denken wir daran: wir sind die einzigen, die uns ärgern. Es ist unsere Entscheidung.
Also können wir auch die Entscheidung treffen, uns nicht zu ärgern.

Mein Tipp: Mensch, ärgere dich nicht!

Tipp Nr. 2

Die Chinesen sagen: Wenn du nicht lächeln kannst, dann mach kein Geschäft auf.

Wir alle kennen ausgesprochene Miesepeter, die immer mit einem ganz mürrischen Gesicht herum laufen.

Wir alle haben auch schon die Erfahrung gemacht, dass, wenn jemand mit einem freundlichen Lächeln auf uns zukommt, es uns direkt besser geht. Wir fühlen uns dann irgendwie geborgen oder einfach auch gut drauf.

Das gleiche funktioniert aber auch bei uns selbst ganz alleine.

Man hat festgestellt, dass durch ein Lächeln unser Immunsystem gestärkt wird. Aus diesem Grunde gibt es zum Beispiel in Amerika Clowns, die in den Krankenhäusern zu den Kindern gehen, um sie zum Lachen zu bringen. Und dieses Lachen bewirkt tatsächlich eine Beschleunigung des Heilungsprozesses.

Aber wir müssen nicht krank sein, um uns dieser Kraft zu bedienen. Wir können das Ganze auch vorbeugend einsetzen.
Zu unserem Nutzen - und dann natürlich auch zum Nutzen von denjenigen, die mit uns zu tun haben.

Deshalb mein Tipp: Lächeln wir mal wieder!

Tipp Nr. 3

Probleme kennt jeder, hat jeder.

Nun gibt es aber ganz offensichtlich Menschen, die im Leben sehr erfolgreich sind, ganz oben stehen.

Haben die etwa keine Probleme?
Weit gefehlt!
Nur, die gehen anders mit ihren Problemen um.

Die sehen Probleme nämlich als das, was sie tatsächlich sind. Nämlich Pro-bleme, also für etwas. Sonst müsste es ja auch 'Kontra-bleme' heißen.

Probleme sind etwas sehr Positives. Sie weisen uns nämlich darauf hin, dass wir Fehler gemacht haben. Und somit können wir diese Fehler suchen und dann beheben.

Und die wirklich erfolgreichen Menschen unterscheiden sich von den weniger Erfolgreichen dadurch, dass sie sich von ihren Problemen nicht unterkriegen lassen, sondern so lange suchen, bis sie den Fehler gefunden und dann auch behoben haben.

Mein Tipp: Lerne aus deinen Problemen!

Tipp Nr. 4

Hatten Sie für heute schon etwas Ruhe?

Nein, ich meine nicht jetzt beim Lesen, sondern wirklich eine Zeit, in der Sie ganz alleine waren und Sie nichts um Sie herum ablenkte.

Wer den ganzen Tag über nur in der Maloche steckt, von einem Termin zum anderen hetzt, dauernd im Stress ist, der verpasst viele Erfolge im Leben.

Der menschliche Geist ist nämlich so angelegt, dass die guten Einfälle, die erfolgreichen Ideen, die Inspiration nur dann kommen können, wenn wir wirklich Ruhe haben.

Jeder große Erfinder, Künstler oder auch Manager weiß das.

Deshalb gönnen wir uns regelmäßig, mindestens 1x am Tag, eine Zeit, in der wir wirklich Ruhe haben - und wenn es nur einige Minuten sind.

Eine Zeit, in der wir ganz alleine sind, wo wir Probleme überdenken, Wünsche erkennen und Ziele planen können.

Mein Tipp: Nimm dir Zeit für dich!

Tipp Nr. 5

Der Gedanke ist der Ursprung von allem!
Das haben Sie vielleicht schon mal gehört.
Aber da ist wirklich was dran.

Überlegen wir mal:
Alles, was je geschaffen wurde von Menschenhand, war ja zunächst einmal eine Idee im Kopf irgendeines Menschen, also ein Gedanke. Hätte nicht irgendjemand diesen Gedanken, diese Idee gehabt, wäre es nie zur Realisierung gekommen.

Alles, was wir sagen, müssen wir zunächst einmal denken. Nicht unbedingt bewusst, aber zumindest unbewusst.
Aber auch alles, was wir wahrnehmen mit unseren fünf Sinnen, wird ja von uns intern wieder in eigene Gedanken umgebaut.
Und sogar Gefühle, die wir normalerweise im Bauch ansiedeln, hängen natürlich von unseren Gedanken ab.

Und Sie merken, es bleibt nichts übrig. Alles was in unserem Leben passiert, lässt sich auf Gedanken reduzieren.

Und natürlich wollen wir alle lieber positive Ergebnisse haben als negative.

Deshalb mein Tipp: Positive Gedanken bringen positive Ergebnisse!

Tipp Nr. 6

Was haben Sie eigentlich für Ziele?

Nein, ich meine nicht die guten Vorsätze, die man sich an Neujahr vornimmt, sondern echte Ziele.
Was wollen Sie heute in einem Jahr erreicht haben?
Was wollen Sie heute in zehn Jahren erreicht haben?

Falls Sie jetzt darauf keine Antwort wissen, dann geht es Ihnen so, wie den meisten Menschen.

In zahlreichen Untersuchungen bei sehr erfolgreichen Menschen kam als ein wichtiges Ergebnis zu Tage: Alle diese Personen haben ein Ziel.
Die wissen ganz genau, was sie wollen.

Und die fragen sich dann auch immer wieder: Bringt das, was ich gerade tue, mich meinem Ziel näher?
Wenn ja, dann machen sie weiter!
Wenn nein, dann hören sie einfach auf damit! Was hätte es auch für einen Sinn!?

Und wenn wir gerne mehr Erfolg haben möchten, dann beginnt auch das natürlich zunächst einmal mit einem klaren, festen Ziel!

Mein Tipp: Setz dir ein Ziel!

Tipp Nr. 7

Unsere Wahrnehmung - also das, was wir mit unseren fünf Sinnen aufnehmen - ist bei weitem nicht so objektiv, wie wir oft meinen.

Das kommt daher, dass die Wahrnehmung gefiltert ist. Jeder nimmt aus der Vielzahl von möglichen Informationen nur die wahr, auf die er quasi ‘programmiert’ ist. Und wir sind auf alle die Dinge ‘programmiert’, mit denen wir uns oft beschäftigen.

Beispiel:
Sie wollen sich einen neuen Wagen kaufen. Und Sie wissen schon genau die Marke, das Modell, vielleicht auch schon die Farbe, und plötzlich sehen Sie überall dieses Fahrzeug.

Und wenn wir sehr viele negative Dinge in unserem Umfeld bemerken, dann liegt das vielleicht daran, dass wir uns einfach zu viel mit dem Negativen beschäftigen.

Achten wir deshalb mal etwas mehr auf das Positive in unserem Leben.

Ich glaube, dass es bei vielen Menschen sehr viel Positives gibt, sie es aber aufgrund einer falschen Einstellung einfach nicht sehen.

Und gerade durch die positiven Dinge wird das Leben doch erst lebenswert.

Deshalb mein Tipp: Beachte das Gute!

Tipp Nr. 8

Fällt es Ihnen auch manchmal schwer, sich zu entscheiden?

Das passiert uns doch allen mal, dass wir die Qual der Wahl haben und nicht wissen, was denn nun die beste Entscheidung wäre.

Wir holen uns Rat bei Freunden und Verwandten, wir haben vielleicht sogar schlaflose Nächte und dann treffen wir eine Entscheidung - und sind anschließend doch nicht froh damit und würden sie gern rückgängig machen.

Wissen Sie, woran das liegt?

Wir haben keine Ziele.
Nur wer Ziele hat, kann klare Entscheidungen treffen.

Zum Beispiel, wenn Sie mit ihrem Wagen eine Fahrt ins Blaue machen, dann müssen Sie vor jeder Kreuzung lange überlegen, wo Sie denn nun hinfahren wollen.
Wenn Sie dagegen ein ganz klares Ziel haben, ist auch die Richtung von vorne herein klar.

Deshalb: Machen wir uns einmal gründsätzliche Gedanken über das, was wir werden möchten, was wir besitzen möchten, wie wir sein möchten, also über unsere Ziele.
Und dann: Treffen wir unsere Entscheidungen in Richtung auf diese Ziele.

Mein Tipp: Entscheide für dich!

Tipp Nr. 9

Können Sie sich auch manchmal die Zunge abbeißen, weil Sie mal wieder irgendetwas gesagt haben, was Ihnen später leid tat?

Mir hilft da ganz oft folgende Regel. Sie kommt aus dem Asiatischen und heißt: Die drei goldenen Siebe. Sie besagt, dass man alles, was man sagen will, bevor man es sagt, durch diese drei goldenen Siebe filtern soll.

Das erste Sieb, ist das Sieb der Wahrheit.
Ist das, was ich jetzt sagen will, wirklich wahr? Oder weiß ich es nur von der Nachbarin, und die vom Friseur, und, und, und ...?

Das zweite Sieb ist das Sieb des Nutzens.
Bringt es dem anderen, dem ich es sage, einen Nutzen? Wie oft sagen wir Dinge, die den anderen eher fertigmachen?

Und das dritte Sieb ist das Sieb der Güte.
Ist es etwas Gutes, etwas Positives, Konstruktives, oder ist es mal wieder nur die letzte Horrormeldung?

Sie kennen sicherlich viele Menschen, die - nach diesen Regeln - den Mund eigentlich gar nicht mehr aufmachen dürften.
Aber denken wir daran, bevor wir etwas sagen: Ist es wahr, nützlich und gut? Wenn nein, behalten wir es einfach mal für uns.

Also mein Tipp: Vor dem Reden dreimal sieben!

Tipp Nr. 10

Kennen Sie das?
Wir haben Probleme, es geht uns schlecht, wir fühlen uns elend - doch einige Zeit später sind wir tatsächlich froh darüber. So nach dem Motto: wo wären wir heute, wenn das damals nicht passiert wäre!
Oft stellen sich wirklich dicke Probleme im Nachhinein als etwas sehr Positives heraus.

Wir haben vielleicht durch den Verlust unseres Arbeitsplatzes eine ganz neue Richtung eingeschlagen - und sind heute viel zufriedener als damals.
Wir wurden von unserem Partner verlassen und haben nun unseren Traumpartner gefunden.
Wir hatten eine schwere Krankheit und gehen deswegen viel besser mit unserem Körper um. Und wir fühlen uns heute so gut wie nie.

Diese Erfahrungen im Nachhinein können wir uns zu Nutze machen.

Wenn wir also das nächste Mal in der Pampe stecken, fragen wir uns: Was kann sich aus diesem Problem später für uns Positives ergeben?
Und schon sind wir auf dem konstruktiven Weg. Wir beschäftigen uns nicht mehr mit dem Problem, sondern mit der Lösung.

Mein Tipp: Erwarte etwas Positives!

Tipp Nr. 11

Haben Sie genügend Freunde?

Viele Menschen beklagen sich darüber, dass niemand auf sie zukommt, dass ihnen niemand hilft, dass sie nicht gut mit ihren Mitmenschen auskommen, dass sie eben zu wenig Freunde haben.

Kontaktprobleme nennt man so etwas.

Nun liegt das aber meistens gar nicht an den anderen, die nicht auf uns zukommen, sondern an einem selbst.
Beobachten wir uns einmal, wie wir auf andere - also auf Fremde - zugehen. Welche innere Einstellung haben wir, wenn wir mit Unbekannten zum ersten Mal in Kontakt treten?

Eben diese innere Einstellung wird sich auf den anderen übertragen, über unseren Tonfall, die Wortwahl, die Gestik oder rein ‘gefühlsmäßig’.

Achten wir also in Zukunft darauf, dass wir beim Kontakt mit anderen positiv eingestellt sind. Dann kann ein konstruktives Miteinander viel besser funktionieren - und wir finden automatisch eine Menge Freunde.

Mein Tipp: Sei nett zu den anderen!

Tipp Nr. 12

Viele Menschen glauben, dass sie einmal ein Jahr ihre Grippe bekommen müssen, weil das "normal" sei.

Andere widerum warten förmlich auf das nächste Wehwehchen, auf die nächsten Beschwerden.

Viele Menschen werden schon ganz nervös, wenn sie längere Zeit einmal nicht krank waren.

"So gesund kann ja nicht gesund sein!".

Dabei vergessen diese Menschen einfach, dass Krankheit etwas Abnormales ist, Gesundheit dagegen das Normale.

Und jede Krankheit zeigt uns einfach, dass wir in unserem Leben irgendetwas verkehrt gemacht haben.
Sei es die Ernährung, die Bewegung, sonstige Einflüsse wie Nikotin, Alkohol, Stress, Ärger oder einfach unsere Einstellung. Immer signalisiert die Krankheit ein Fehlverhalten.

Ein Fehlverhalten, das unser Immunsystem schwächt, Organe über- oder unterfordert und somit sich in körperlichen Disharmonien zeigt.
Doch unser Verhalten können wir ja ändern!

Mein Tipp: Bleib gesund!

Tipp Nr. 13

"Man sieht nur mit dem Herzen gut, das Wesentliche ist für die Augen unsichtbar."

Dieser Ausspruch von Antoine de Saint-Exupéry aus ‘Der kleine Prinz’ ist sicher sehr weise, aber er kann uns auch für das tägliche Leben eine wichtige Lektion geben.

Sie haben sicher schon von Häusern gehört, in denen ein Schatz liegen soll, die ein Geheimnis in sich bergen. Wenn man vor einem solchen Haus steht, dann betrachtet man es mit ganz anderen Augen, wie man ein anderes genauso aussehendes Haus betrachten würde. Obwohl es außen aussieht wie alle anderen Häuser auch, so sehen wir doch darin etwas ganz anderes.

Dieses Prinzip können wir uns auch beim Menschen zu Nutze machen. Auch in jedem Menschen wohnt irgendwo, tief in seinem Inneren, ein Geheimnis, etwas Besonderes, Einzigartiges.

Betrachten wir doch unsere Mitmenschen einmal vor diesem Hintergrund, dass in ihnen ein Geheimnis ruht, das sie vielleicht selbst noch nicht gelüftet haben. Und wir werden feststellen, dass wir plötzlich viel mehr mit dem Herzen sehen, als nur mit den Augen.

Mein Tipp: Betrachte jeden Menschen, als hätte er einen Schatz in sich verborgen!

Tipp Nr. 14

Sind Sie kreativ?

Sicher kennen Sie Menschen, die irgendwie diese besondere Begabung der Kreativität haben. Immer fällt denen etwas Besonderes ein, finden sie Möglichkeiten, Altes neu zu gestalten, entdecken sie irgendetwas Neues.

Menschen, die dies besonders gut konnten, gingen als große Erfinder in die Geschichte ein.

Diese Kreativität ist aber nun nicht - wie viele meinen - nur eine besondere Gabe der Natur, sondern in vielen Fällen einfach auch hart erarbeitet.

Jeder kann kreativ sein, jeder hat die Möglichkeit, Dinge zu verändern.
Häufig trauen wir uns nicht an solche Dinge heran, weil wir glauben, wir könnten es nicht.

Aber wenn wir uns einmal daran wagen, werden wir sehen, dass auch die Kreativität im Grunde ein Handwerk ist, das wir lernen können.

Wer es wirklich will, kann ein ebenso kreativer und erfinderischer Mensch sein wie die großen Vorbilder.

Mein Tipp: Sei kreativ!

Tipp Nr. 15

"Unser Charakter ist uns in die Wiege gelegt und kann zeitlebens nicht verändert werden!"

Diese Aussage, die Sie vielleicht kennen, ist Gott sei Dank **nicht** richtig.

Man hat in der neuesten Verhaltensforschung festgestellt, dass unser Charakter geformt wird durch die Art unserer Gedanken. Unser gewohnheitsmäßiges Denken, Fühlen und Handeln und damit auch unsere Persönlichkeit, eben unser Charakter, werden durch die Art unserer vorherrschenden Gedanken bestimmt.

Das heißt, dass wenn wir im Laufe eines Tages z. B. meist ängstliche Gedanken haben, dass wir dann auch einen Charakter bekommen, der eher ängstlich ist.

Und wir können tatsächlich unseren Charakter verändern, wenn wir die Art unseres Denkens verändern.
Wenn wir also der Überzeugung sind, einen schlechten Charakter zu haben, können wir dies ändern durch die Art unseres Denkens.

Mein Tipp: Forme deinen Charakter positiv!

Tipp Nr. 16

Eine Person, die man nicht leiden kann, kann man durchaus respektieren. Aber eine Person, die man nicht respektiert, kann man selten leiden.

Wir sollten uns darüber im Klaren sein, dass es einen Unterschied gibt zwischen ‘jemanden leiden können’ und ‘jemanden respektieren’. Man kann durchaus Respekt vor den Leistungen eines Menschen haben, ohne dass man ihn sehr sympathisch finden muss.
Das heißt, wir können unterscheiden zwischen dem Menschen und zwischen seinen Fähigkeiten und Leistungen.

Es kommt immer wieder vor, dass man mit Menschen zu tun hat, die einem persönlich unsympathisch sind, die aber durchaus sinnvolle Dinge tun, die wir anerkennen können.

Wenn wir uns davon lösen, dass uns jeder Mensch sympathisch sein muss und wir uns dagegen auf das konzentrieren, was dieser Mensch leistet, können wir ihm den nötigen Respekt entgegenbringen.

Und so können wir unser Zusammenleben und Zusammenarbeiten auf eine positive Basis stellen.

Mein Tipp: Respekt geht auch ohne Sympathie!

Tipp Nr. 17

Haben Sie öfter Mitleid mit anderen?

Es ist schön, wenn uns die anderen nicht egal sind und wir einen gewissen Anteil an deren Leben haben.

Aber überlegen wir einmal, was Mitleid im Grunde bedeutet: Wir leiden mit!
Es sind dann also schon mindestens zwei, die aus dem gleichen Grund leiden.

Es geht hier nicht um das geteilte Leid, das ja bekanntlich nur noch halbes Leid ist. Es geht darum, dass viele Menschen die Probleme anderer zu den eigenen machen und somit tatsächlich mit-leiden.

Besser als das Mitleid ist das Mit-Gefühl!

Sich in die Situation eines anderen hineinzufühlen ermöglicht es uns, seine Position besser zu verstehen und ihm passende Hilfestellungen - aus unserer Sicht - zu geben.

Somit tragen wir aktiv zur Lösung des Problems bei, anstatt ihn nur zu bedauern und eben mit ihm zu leiden.

Mein Tipp: Mehr Mit-Gefühl mit anderen, als aktiver Teil der Hilfe!

Tipp Nr. 18

"Es gibt drei Wege des Lernens:

Erstens durch **Nachdenken** - das ist der Edelste.
Zweitens durch **Erfahrung** - das ist der Bitterste.
Und drittens durch **Nachahmung** - das ist der Leichteste."

Dieser Ausspruch von Konfuzius birgt sehr viel Weisheit in sich.

Man muss das Rad nicht zweimal erfinden und es gibt bei fast allen Dingen, die wir im Leben erreichen können, schon einen anderen, der das bereits erreicht hat.

Besorgen wir uns einfach möglichst viele Informationen darüber, wie der es gemacht hat. Vielleicht schaffen wir es sogar mit diesem Menschen persönlich zu reden und wir werden eine fix und fertige Gebrauchsanweisung zum Erfolg in den Händen haben, die wir dann nur noch umsetzen müssen.

Dies, gepaart mit eigenem Nachdenken und den eigenen Erfahrungen, ist sozusagen der Königsweg des Lernens.

Mein Tipp: Lerne durch Vorbilder!

Tipp Nr. 19

Fühlen Sie sich manchmal überfordert?
Glauben Sie mitunter, etwas nicht zu schaffen?

Beim Anblick großer Aufgaben oder unüberwindlich scheinender Probleme neigen wir gerne dazu, zu resignieren.

Wir vergleichen die Aufgaben, die wir bisher in unserem Leben bewältigt haben mit den noch vor uns liegenden. Und sind die neuen Probleme größer als die alten, so meinen wir oft, sie nicht schaffen zu können.

Dabei wächst unsere Kraft mit der Größe unserer Aufgaben!

Es ist nicht etwa so, dass wir ein festes Potenzial an Energie haben, sondern die Kraft, die wir benötigen, erhöht sich tatsächlich mit der Höhe der Anforderungen.

Eine wenig bekannte, aber eine geradezu grandiose Einrichtung der Natur, wie ich finde.

Gehen wir also Probleme und Aufgaben mutig an, auch wenn wir zu Beginn noch nicht wissen, wie wir dies alles bewältigen sollen.

Mein Tipp: Die Kraft wächst mit der Größe der Aufgaben!

Tipp Nr. 20

Haben Sie manchmal das Gefühl, zu kurz zu kommen, weil andere zu viel von etwas bekommen haben?

Glauben Sie, dass es von allem nur eine bestimmte Menge gibt, die wie ein Kuchen aufgeteilt wird und dann irgendwann aufgebraucht ist?

Sehen wir uns doch einmal bewusst in der Natur um!

Selbst der katastrophale Umgang des Menschen hat es nicht verhindert, dass ein Baum Millionen von Blüten und eine Unmenge von Früchten trägt, dass eine Blume tausendfachen Samen aussäht, um ihre Art zu erhalten.

Betrachten wir uns einmal den Überfluss einer Sommerwiese. Beobachten wir das unüberschaubare und dennoch wohl geordnete Wirken in einem Ameisenhaufen.

Die Natur ist auf Fülle und Überfluss eingerichtet.

Für jeden ist - solange der Mensch seine Finger nicht zu arg hineinsteckt - ausreichend vorhanden.

Und auch wir Menschen sind ja Teil der Natur und vom Überfluss umgeben.

Mein Tipp: Erkenne den Überfluss und mach ihn dir zu Nutze!

Tipp Nr. 21

Haben Sie bei bestimmten Vorhaben manchmal das Gefühl, mit dem einen Fuß auf dem Gas und dem anderen auf der Bremse zu stehen?

Das hängt daran, dass wir mit bestimmten Vorhaben positive aber auch negative Empfindungen verbinden.

Die positiven Seiten lassen uns aufs Gas treten und diese Dinge wirklich definitiv anstreben.

Die negativen Punkte sorgen aber dafür, dass wir es dann doch bleiben lassen.

Die Verhaltensforschung nennt das 'gemischte Neuroassoziationen', also die Verbindungen in unserem Gehirn sind gemischt, einmal positiv, einmal negativ.

Wenn wir neue Vorhaben aber wirklich anpacken wollen, müssen wir dafür sorgen, einfach mehr und stärkere positive Assoziationen zu haben als negative.
Nur dann werden wir wirklich Erfolg haben.

Deshalb mein Tipp: Sieh mehr auf das Positive!

Tipp Nr. 22

Macht Ihnen Ihr Leben Spaß?
Haben Sie bei genügend vielen Dingen Freude?

Der Spaß an bestimmten Handlungen ist wie ein Lebenselexier.

Wenn wir Dinge tun, die uns wirklich Freude bereiten, so werden wir dabei nicht ermüden, sondern wir werden erleben, dass es uns zunehmend stärkt.

Natürlich werden körperliche Vorgänge zu einer Ermüdung der Muskulatur oder des Herz-Kreislauf-Systems führen, innerlich fühlen wir uns aber - sofern es wirklich Freude macht - voller Energie.

Wer sehr oft Dinge tut, die ihm keinen Spaß machen, wird sich auslaugen, was von einer negativen Grundstimmung bis hin zu ernsthaften Krankheiten führen kann.

Sorgen wir also dafür, dass wir möglichst oft wirklich Spaß an dem haben, was wir tun.

Und übrigens: auch Arbeit kann Spaß machen.
Wer seine Arbeit mit Freude tut, der wird weniger einen Beruf ausüben, als vielmehr seiner Berufung folgen.

Mein Tipp: Hab Spaß im Leben!

Tipp Nr. 23

"Einem alten Hund bringt man keine neuen Tricks bei!"
oder
"Was Hänschen nicht lernt, lernt Hans nimmer mehr!"

Alte Binsenweisheiten, die glücklicherweise falsch sind.

Man weiß aus der modernen Lernforschung, dass man in jedem Alter in der Lage ist, Neues zu lernen. Ja, man hat sogar festgestellt, dass diejenigen, die zeitlebens immer wieder Neues lernen, dies im Alter auch noch besonders gut können.

Und auch die Hypothese, dass einmal abgestorbene Gehirnzellen nicht mehr erneuert würden, ist heute widerlegt. Unsere Gehirnfunktionen können im Alter noch genauso aktiv sein wie eh und je.

Es ist nie zu spät, neue Erfahrungen zu machen, neue Dinge zu lernen, und seinem Leben wieder richtig Schwung zu geben.

Alter ist eine Aneinanderreihung von Jahren, nicht eine Anhäufung von Hindernissen auf demWeg zu Neuem.

Mein Tipp: Alter schützt vor Lernen nicht!

Tipp Nr. 24

Motivation ist der Ansporn für jede Form von Leistung.

Aber überlegen wir einmal, von wem wir für bestimmte Dinge motiviert werden.
Entscheidet unsere Familie, unser Partner, unser Chef in welche Richtung wir gehen sollen?
Brauchen wir ständig einen Ansporn von außen?
Muss man uns manchmal förmlich in den Hintern treten, bis wir aktiv werden?

Motivation ist gut und wichtig, aber muss diese nur von andern kommen?

Versuchen wir einmal, uns selbst zu motivieren!

Stecken wir uns ein selbstgewähltes Ziel und geben wir uns selbst den Ansporn, auch entsprechende Schritte zu unternehmen.
Warten wir nicht auf Befehle von außen!

Mein Tipp: Die Selbstmotivation ist der Schlüssel zu wirklichem Glück und Erfolg!

Tipp Nr. 25

Glauben Sie an ein unentrinnbares Schicksal?
Meinen Sie, dass wir nur wenig Möglichkeiten haben, unser Leben zu beeinflussen?

Die Umstände, in denen wir heute leben, sind das Resultat unserer früheren Entscheidungen und Handlungen.

Auch wenn andere für uns entschieden haben sollten - die Eltern zum Beispiel - so haben wir diese Entscheidung akzeptiert.

Und wenn wir heute erkennen, dass wir im Grunde gar nicht so leben wollen, so können wir uns ja immer noch anders entscheiden.

Was wir tun - oder eben auch nicht tun - für welchen Weg wir uns entscheiden - oder halt andere entscheiden lassen - ist einzig und allein uns überlassen.

Natürlich gibt es Normen, Regeln und Pflichten.
Aber auch innerhalb dieser Grenzen bleibt uns normalerweise genügend Spielraum, selbst unseren Weg zu wählen und somit unser Schicksal zu gestalten.

Mein Tipp: Du gestaltest dein Leben!

Tipp Nr. 26

Sind Sie mit Ihrem Leben zufrieden?

Viele Menschen meinen, sich mit dem, was sie gerade haben, wohl zufrieden geben zu müssen.
Das hat jedoch nichts mit wirklicher Zufriedenheit zu tun.

Oft genug unterdrücken wir unsere Wünsche, unsere Interessen, in der Meinung, keine Möglichkeit zur Realisierung zu haben.
Andere wiederum glauben sogar, nicht das Recht auf die Erreichung ihrer Ziele zu haben.
Sie geben sich also - notgedrungen - mit dem jetzigen Zustand zufrieden.

Wirkliche, innere Zufriedenheit erwächst aber aus der Gewissheit, sein Leben genau nach den eigenen Vorstellungen leben zu können.

Und dazu gehört nun einmal das Anerkennen der eigenen Wünsche.
Dazu gehört, dass man sich eigene Ziele steckt und diese auch verfolgt.

Sorgen wir also dafür, dass wir - im Rahmen unserer Möglichkeiten - wirklich ein zufriedenes Leben führen können.

Mein Tipp: Sorge für deine Zufriedenheit!

Tipp Nr. 27

Informationen zu haben ist eine Sache - das Gefühl ist eine andere.

Wir sind in unserer rationalen Welt dazu erzogen, Fakten zu sammeln und uns nur auf nachprüfbare Informationen zu stützen. Dies ist auch - auf der einen Seite - gut und richtig.

Auf der anderen Seite haben wir aber nun einmal auch unser Gefühl, das uns ebenfalls Informationen zu bestimmten Themen liefert.

Es täte uns allen sehr gut, wenn wir uns etwas mehr auf unsere Gefühle verlassen würden.
Das Gefühl - oder auch Intuition genannt - hat Informationsquellen, die unser Verstand mit seinen fünf Sinnen nicht hat.

Denken wir nur an den Instinkt der Tiere, wie frühzeitig der vor Gefahren warnt, bevor diese - rational gesehen - zu erkennen sind.

Deshalb mein Tipp: Sachliche Information ja - aber auch das Gefühl mit einbeziehen!

Tipp Nr. 28

Sind Sie öfter einmal nervös und hektisch?
Hören Sie öfter einmal den Rat: "Mensch, entspann dich!"?

Körperliche Entspannung ist aber gerade in Situationen, in denen wir nervös sind, fast nicht möglich.

Es besteht ein direkter Zusammenhang zwischen körperlicher und geistiger Entspannung, und wenn wir in dem einen Bereich angespannt sind, so folgt oft auch der andere.

Das gleiche Prinzip funktioniert nun aber auch anders herum.
Das heißt, wenn wir den einen Bereich entspannen, wird dies zwangsläufig auch der andere tun.

Wenn wir also das nächste Mal nervös sind, versuchen wir einfach, uns an einem ruhigen Ort körperlich zu entspannen. Atmen wir ein paar Mal tief durch, lockern wir alle Muskeln, entspannen den Körper.

Und wir werden merken, dass der körperlichen Entspannung auch die geistige Entspannung folgen wird.

Mein Tipp: Entspann dich!

Tipp Nr. 29

Ein Fehler kann nicht alle unsere guten Taten zerstören.

Wenn wir einen Fehler machen, dann stellen wir uns und unsere vergangenen Leistungen oft allzuschnell in Frage. Wir tun so, als sei unser Leben eine Serie von Misserfolgen oder dieser Fehler würde alles zunichte machen, was wir bis dahin geschaffen haben.

In solchen Momenten ist es für uns sehr wichtig, dass wir uns daran erinnern, was wir schon alles gut gemacht haben, auf was wir stolz sein können.

Am besten schreibt man sich sogar seine Erfolge auf, damit man sie in solchen Situationen einfach nachlesen kann.

Nur so können wir vermeiden, uns gegenüber ungerecht zu sein. Jeder macht mal einen Fehler. Und Fehler sind ja schließlich dazu da, dass man sie macht und daraus lernt.

Mein Tipp: Notiere deine Erfolge!

Tipp Nr. 30

"Wenn ich den sehe, fährt es mir jedes Mal in den Magen!"
Kennen Sie solche oder ähnliche Aussprüche?

Unsere Gesundheit ist entscheidend abhängig von der Art unserer sozialen Beziehungen.

Wenn wir in einer Familie leben, die sich nicht versteht, wenn wir in einem Betrieb arbeiten, in dem die Stimmung ständig mies ist, kann sich dies früher oder später auf unsere Gesundheit negativ auswirken.

Wenn wir in einer Partnerschaft leben, die uns auslaugt, wenn wir uns mit unseren Nachbarn nicht vertragen, kann dies zu ernsten Krankheiten führen.

Harmonische Beziehungen jeder Art sind eine wichtige Voraussetzung für unser Wohlbefinden.
Achten wir deshalb - auch unserer Gesundheit zu Liebe - auf ein Umfeld, das uns gut tut.

Natürlich können wir viele Menschen nicht einfach meiden, aber immer können wir durch unser positives Verhalten zu einer Verbesserung der Situation beitragen.

Mein Tipp: Mach es dir schön um dich herum!

Tipp Nr. 31

Betreiben Sie regelmäßige Körperpflege?

Dumme Frage, werden Sie jetzt sagen!
Natürlich betreiben wir Körperpflege: Waschen, Zähne putzen, Kämmen, Rasieren, Eincremen und, und, und.

Aber sind alle diese Tätigkeiten wirklich eine ganzheitliche Körperpflege?

Seinen Körper zu pflegen heißt auch, sich vernünftig zu ernähren, also im physiologisch notwendigen Rahmen ausreichend - also nicht zu viel und nicht zu wenig - gesunde Nährstoffe zu sich zu nehmen.

Seinen Körper pflegen heißt auch, sich ausreichend zu bewegen - eben auch nicht zu viel, aber auch nicht zu wenig.

Seinen Körper zu pflegen bedeutet auch, genügend zu schlafen, und das in einem vernünftigen Rhythmus. Aber eben auch nicht zu viel und nicht zu wenig.

Und letztlich gehört zur Körperpflege auch ein bewusster Umgang mit Giftstoffen wie Nikotin, Koffein, Alkohol und Drogen.

Mein Tipp: Pflege deinen Körper! Du brauchst ihn noch!

Tipp Nr. 32

Haben Sie mehr gute oder mehr schlechte Eigenschaften?

Häufig werden wir von allen Seiten auf unsere schlechten Eigenheiten aufmerksam gemacht.
Fehler werden ausgiebig kritisiert, gute Leistungen hingegen selten gelobt, sondern als selbstverständlich hingenommen.

So ist es also ganz normal, dass wir häufig mehr schlechte als gute Seiten zu haben glauben.

Jeder hat aber auch positive Eigenschaften, jeder hat besondere Fähigkeiten und Neigungen.
Achten wir darauf, diese mehr zu würdigen.

Je mehr wir unsere positiven Eigenschaften nutzen, desto weniger werden die negativen ins Gewicht fallen.

Konzentrieren wir uns auf unsere Vorzüge, und wir werden automatisch mehr Erfolg im Leben haben!

Mein Tipp: Sieh das Gute in dir!

Tipp Nr. 33

Hektik und Stress behindern unser klares Denken!

Die Physiologie des Körpers weist eine Besonderheit auf, die noch aus Urzeiten herrührt.
Sobald wir in eine Stresssituation kommen, führt dies zu einer Absonderung von Adrenalin im Körper, um mehr Energie zur Verfügung zu stellen.
Ursprünglich war dies vorgesehen für rasche Flucht oder Angriff in Gefahrensituationen.

Damit wir nun auch wirklich schnell reagieren, führt dieses Adrenalin aber auch dazu, dass bestimmte Denkvorgänge behindert werden. Somit werden wir reflexartig - also ohne lange zu überlegen - reagieren.

So sinnvoll diese Einrichtung bei unseren Vorfahren in der Wildnis war, so hinderlich ist sie aber heute. Denn tatsächlich können wir im Stress nicht so klar denken wie in Ruhe.

Um einen klaren Blick, um die Übersicht zu behalten, ist es also notwendig, dass wir uns möglichst oft entspannen.

Aus der Ruhe heraus sind wir entscheidend leistungsfähiger.

Mein Tipp: Aus der Ruhe kommt die Kraft!

Tipp Nr. 34

Thomas Huxley, ein großer englischer Naturwissenschaftler, hat einmal folgendes gesagt:
"Die wertvollste Eigenschaft, die ein Mensch sich aneignen kann, ist die Fähigkeit, die Dinge zu tun, die er tun muss, wenn sie getan werden müssen - ob es ihm gefällt oder nicht."

Wie oft schieben wir unliebsame Dinge immer und immer wieder auf?
Wie oft lassen wir wichtige Dinge einfach liegen - aus Bequemlichkeit oder aus Nachlässigkeit?
Wie oft tun wir Dinge einfach nicht, weil sie uns nicht gefallen - obwohl wir genau wissen, dass es für uns wichtig wäre?

Dinge zu tun, die man tun muss, ist eine wichtige Grundregel für den Erfolg.
Und sie dann zu tun, wenn sie getan werden müssen, führt nicht nur unweigerlich zu noch mehr Erfolg, sondern gibt uns auch ein gutes Gefühl.
Und im Grunde tun wir doch alle Dinge nur, um ein gutes Gefühl zu haben!

Wir haben doch alle schon erlebt, wie stolz wir sind, wenn wir eine ungeliebte Arbeit endlich erledigt haben. Und oft stellen wir erstaunt fest, dass es so schlimm gar nicht war.

Mein Tipp: Tu alles im richtigen Moment!

Tipp Nr. 35

Was halten Sie von Menschen, die Ihnen etwas versprechen und es dann nicht halten?

Sicher geht es Ihnen so, wie den meisten, dass Sie enttäuscht sind und mit denen am liebsten nichts mehr zu tun hätten.

Aber fragen wir uns lieber, ob wir denn unsere Versprechungen immer einhalten. Passiert es uns allen nicht öfter einmal, dass wir so lapidar irgendwelche Dinge zusagen, ohne uns wirklich Gedanken darüber zu machen, ob wir Sie auch einhalten können.

Wenn wir in Zukunft ein gutes Auskommen mit unseren Mitmenschen haben wollen, dann achten wir darauf, dass wir Versprechungen und Zusagen zwingend einhalten.

Die Menschen beurteilen uns weniger nach dem was wir sagen, sondern vielmehr nach dem was wir tun. Und die einfachste Möglichkeit, seine Zusagen immer einhalten zu können, ist, darauf zu achten, nur wirklich das zu versprechen, was man am Ende auch halten kann.

Mein Tipp: Halte alle deine Versprechungen!

Tipp Nr. 36

Sind Sie manchmal knapp bei Kasse?
Finden Sie, dass Sie zu wenig verdienen?

In einem solchen Fall sollten wir zunächst einmal überprüfen, wie wir zu diesem Thema stehen:
Meinen wir, dass es sehr schwer ist, zu mehr Geld zu kommen?
Glauben wir, dass nur die Reichen, nur die anderen viel Geld haben?
Meinen wir, dass man nur über gute Beziehungen oder durch krumme Geschäfte reich werden kann?

Nun, dann ist es ganz normal, dass wir zu wenig Geld haben!

Vor diesem Hintergrund kommt man ja gar nicht auf die Idee, irgend etwas zur Veränderung seiner Lage zu tun.
Wozu auch?

Wir werden es also erst gar nicht versuchen! Und somit es auch nicht erreichen!

Ändern wir unsere Einstellung! Immer wieder haben es Leute geschafft. Vom Tellerwäscher zum Millionär ist sicher ein überzogenes Beispiel. Aber wer an sein finanzielles Vorwärtskommen glaubt, der geht entsprechende Wege an und hat somit die berechtigte Chance auf ein gutes Gelingen.

Mein Tipp: Glaub an deinen Erfolg!

Tipp Nr. 37

"Erst wenn du weißt, was du tust, kannst du anfangen zu tun, was du willst!"

Klingt etwas kompliziert, ist aber im Grunde ganz einfach. Wir können erst dann wirklich die Dinge tun, die wir wollen, wenn wir uns über unsere Verhaltensweise im Klaren sind, wenn wir wissen, was wir tun.

Und 90 % unseres Verhaltens läuft ja unterbewusst gesteuert und wir merken gar nicht, was wir tun. Denken wir nur an Tätigkeiten wie Auto fahren, wie Schreibmaschine schreiben oder wie Waschen und Zähne putzen. All diese Dinge tun wir unbewusst und automatisch und sind uns darüber oft nicht im Klaren, wie wir es tun.

Aber auch viele andere Verhaltensweisen, die unser Leben bestimmen, laufen genauso automatisch und wir müssen uns zuerst einmal darüber im Klaren werden, was wir tun, damit wir es ändern können.

Deshalb mein Tipp: Erkenne dich selbst!

Tipp Nr. 38

Sind Sie manchmal kaputt und angespannt?
Fehlt Ihnen öfter mal ein Quentchen Energie?

Probieren wir es in solchen Fällen mal mit einer einfachen Suggestion.
Sagen wir uns - laut oder leise nach innen: "Ich hab' die Kraft, die alles schafft!"

Das klingt auf den ersten Moment vielleicht etwas simpel und lächerlich, aber probieren Sie es wirklich einmal aus.
Solche Sätze haben die Kraft, Energien in uns zu mobilisieren, die wir normalerweise nicht für möglich halten.

Überlegen wir einmal, was mit unserer Energie passiert, wenn wir dauernd "Das kann ich nicht!" sagen.
Das gleiche Prinzip funktioniert natürlich auch in die andere Richtung.

Mein Tipp: Öfter einmal denken: "Ich hab' die Kraft, die alles schafft!"

Tipp Nr. 39

"Verhaltensänderung ist schwierig und zeitaufwendig!"

Sind auch Sie dieser Meinung, dass Dinge, die wir schon sehr lange, vielleicht seit Jahren, tun, nur sehr schwer geändert werden können?
Gott sei Dank ist dies nur ein Mythos.

Immer wieder schaffen es Menschen von heute auf morgen Ihr Verhalten schlagartig und entscheidend zu verändern. Wichtig dabei ist, dass der Auslöser für diese Veränderung mit ausreichendem Gefühl verbunden ist.

Wie oft müssen wir z. B. vergifteten Fisch essen, damit wir zeitlebens keinen Fisch mehr mögen? Genau, nur einmal! Wie oft muss ein uns nahestehender Mensch an Lungenkrebs sterben, damit wir sofort mit dem Rauchen aufhören? Wie oft muss unser Traumpartner, den wir eben kennengelernt haben, uns seinen Namen und seine Telefonnummer nennen, damit wir sie uns merken?

Immer dann, wenn wir genügend Gefühl mit etwas verbinden, lernen wir sehr viel schneller und können unser Verhalten schlagartig verändern.
Sorgen wir also dafür, dass wir einen ausreichenden emotionalen Grund zur Veränderung haben.

Mein Tipp: Verändere dich mit Gefühl!

Tipp Nr. 40

"Bewegung tut Not!"
Diesen Spruch kennen Sie vielleicht! Aber wenden Sie ihn auch auf sich an?

Unser Körper hat sich im Wesentlichen die letzten 100.000 Jahre nicht verändert. Wir sind vom Physiologischen - also vom Körperlichen her - ganz ähnlich unseren Vorfahren, die noch mit der Keule vor der Höhle saßen.

Nur damals war körperliche Bewegung noch für das Leben und Überleben notwendig. Damals war Bewegung etwas Normales.

Dies jedoch hat sich in den letzten knapp 100 Jahren drastisch verändert.
Wir brauchen uns heute nicht mehr ausgiebig zu bewegen, um unser nächstes Essen sicher zu haben. Und wir müssen heute nicht mehr vor dem berüchtigten Säbelzahntiger davonlaufen.

Unser Körper jedoch weiß das noch nicht. Er hat noch nicht mitbekommen, dass er nicht mehr allzu aktiv sein muss.
Und deswegen ist körperliche Aktivität so notwendig wie damals bei unseren Vorfahren.

Gönnen wir deshalb unserem Körper die notwendige Bewegung - einfach, damit er gesund bleiben kann.

Mein Tipp: Werde aktiv - bleib in Bewegung!

Tipp Nr. 41

"Man kann nur ernten, was man gesät hat!"

Dieses Sprichwort kennen Sie. Vielleicht auch sogar aus religiösem Hintergrund. Aber es geht hier um ein Lebensgesetz.

Wir werden im Leben nur das bekommen, was wir auch verursachen, was wir säen. Kein Mensch wird sich wundern, wenn er z. B. Mais aussät, dass er keine Bohnen bekommt. Aus Maissamen wird Mais und aus Bohnensamen werden eben Bohnen.

Das gleiche gilt auch in allen anderen Dingen in unserem Leben.
Wenn wir Unfreundlichkeit unseren Mitmenschen gegenüber säen, können wir keine Freundlichkeit ernten.
Wenn wir Misstrauen unseren Mitmenschen gegenüber säen, können wir kein Vertrauen uns gegenüber ernten.
Wenn wir Hass säen, können wir keine Liebe ernten.

Deshalb sollten wir darauf achten, immer nur das zu säen, was wir auch ernten möchten, immer nur die Dinge auszusenden, die wir auch zurückhaben möchten.

Mein Tipp: Säe nur Gutes!

Tipp Nr. 42

Erfolg beruht nur zu 20 % auf Fachwissen und zu 80 % auf dem richtigen Verhalten!

Sie haben vielleicht schon öfter beobachtet, dass meist nicht diejenigen auf der Karriereleiter nach oben steigen, die das beste Fachwissen, also das beste Know How haben, sondern diejenigen, die sich zu verkaufen verstehen.

Verstehen Sie mich bitte richtig: Fachwissen ist und bleibt ein wichtiger Grundstein für den Erfolg.
Aber das beste und gründlichste Fachwissen wird mir nichts nützen, wenn ich es nicht an den Mann bringen kann, wenn ich mit meinen Vorgesetzten ständig im Klinsch liege, wenn ich es meinen Kunden nicht erklären kann.

Das Verhalten den anderen gegenüber - sei dies im Verkauf mit Kunden, sei dies mit Kollegen am Arbeitsplatz, mit Mitarbeitern oder Vorgesetzten, oder sei dies im privaten Bereich in der Partnerschaft und im Freundeskreis - unser Verhalten hat entscheidenden Einfluss auf unseren Erfolg.

Achten wir deshalb in Zukunft auch einmal mehr auf diesen Aspekt. Vielleicht liegt eine sogenannte "Pechsträhne" ja nur daran, dass wir uns die ganze Zeit falsch verhalten haben.
Aber unser Verhalten können wir ja ändern!

Mein Tipp: Achte auf dein Verhalten!

Tipp Nr. 43

Erfolg ist lernbar!

Viele Menschen glauben, dass Erfolg eine logische Folge von Fleiß und Ideenreichtum ist - oder auch von guten Beziehungen.

Was viele nicht wissen: Erfolg ist ein eigener Wissenszweig! Genau wie man Mathematik, Physik oder Chemie lernen kann, so kann man auch Erfolg lernen. Genau wie ich eine Fremdsprache lernen kann, so kann ich auch den Erfolg lernen.

Es gibt für den Erfolg ebenfalls Gesetze und Prinzipien, die ich kennen muss, um wirklich erfolgreich zu sein.

Es genügt also nicht, wenn wir uns nur mit einem Fachgebiet, auf dem wir tätig sind, beschäftigen. Um wirklich erfolgreich zu sein, müssen wir uns auch mit den Gesetzen und Prinzipien des Erfolgs beschäftigen.

Wie viele Menschen kennen Sie, die fachlich top sind, aber dennoch keinen Erfolg haben?

Machen wir uns deshalb daran, die Gesetzmäßigkeiten des Erfolges zu ergründen. Und hierfür gibt es viele Wege: entsprechende Bücher, Seminare, Gespräche mit erfolgreichen Menschen oder auch das Lesen und Befolgen dieser Tipps.

Mein Tipp: Lerne den Erfolg!

Tipp Nr. 44

"Unsere Gedanken sind verantwortlich für unser Leben!"

Das haben Sie sicher schon öfters gehört, aber auch sehr viele andere Große in der Weltgeschichte haben darüber gesprochen.

Buddha z. B. sagte: "Alles was wir sind, ist das Ergebnis dessen, was wir vorher gedacht haben". Oder Marc Aurel, der große Kaiser und Philosoph des alten Rom sagte: "Unser Leben ist das Ergebnis unserer Gedanken".
Und auch die moderne Psychologie sagt: "Die Menschen haben ein Selbstbild und werden das, was sie sich als ihr Selbst vorstellen". Und vorstellen bedeutet, sich im Geist ein Bild machen von dem, was man erreichen und sein will.

Auch der Psychologe William James sagte: "Der Glaube erzeugt die Tatsachen". Und Ralph Emmerson sagte: "Gedanken regieren die Verhältnisse. Und es gibt keinen Gedanken in irgendeinem Kopf, der sich nicht rasch in eine Macht verwandelt".

Wenn all diese Großen der Menschheitsgeschichte diese Dinge gesagt haben, dann denke ich, wird wohl was dran sein.

Mein Tipp: Gedanken bestimmen dein Leben!

Tipp Nr. 45

Kommen Sie morgens manchmal schlecht aus dem Bett?

Achten Sie einfach mal darauf, was Sie sich morgens so fragen, wenn Sie noch im Bett liegen.
Fragen Sie sich: "Kann ich denn nicht noch etwas liegen bleiben?" oder "Warum muss ich denn unbedingt jetzt schon aufstehen?" oder "Warum ist denn heute kein Wochenende?"?

Auf all diese Fragen werden wir Antworten bekommen, aber sie werden nicht dazu führen, dass wir aus dem Bett steigen. Im Gegenteil, der innere Dialog wird uns geradezu an unser Bett fesseln.

Fragen Sie sich doch lieber: "Was gibt es heute für einen guten Grund, dass ich aufstehe?", "Was liegt heute Tolles vor mir?", "Welche Dinge kann ich heute erledigen, mit denen ich meinem Ziel, meinen Aufgaben, meiner Berufung näher komme?".

Mit solchen Fragen im Kopf stehen Sie garantiert viel leichter auf. Sie haben schließlich einen guten Grund dafür.

Mein Tipp: Frage nach positiven Antworten!

Tipp Nr. 46

Schlafen Sie manchmal schlecht ein?

Es gibt einen tollen Trick. Er besteht aus vier Schritten:

Der erste Schritt: Entspannen Sie Ihren Körper. Wenn Sie bestimmte Entspannungstechniken können, wie z. B. autogenes Training, können Sie das verwenden. Sie können sich aber auch in Ihrer bevorzugten Schlafposition hinlegen und einfach alles ganz locker lassen.
Der zweite Schritt: Entspannen Sie Ihr Gesicht. Lassen Sie die Falten auf der Stirn und um den Mund herum ganz locker - entspannen Sie einfach.
Der dritte Schritt: Entspannen Sie Ihre Augen. Lassen Sie Ihre Augäpfel ganz locker in den Höhlen liegen und beobachten Sie einfach, wie sich die Augen wirklich ganz entspannen.
Und der vierte, letzte und wichtigste Schritt: Löschen Sie alle inneren Vorstellungsbilder, die Sie haben, in dem Sie innen alles schwarz oder neblig anmalen. Vernebeln Sie einfach alle Gedanken, die Sie im Kopf haben, so dass Sie nur noch grau oder schwarz im Inneren sehen.

Wenn Sie diese Methode etwas üben, werden Sie es schaffen innerhalb von nur elf Sekunden wirklich einzuschlafen und das sogar, wenn Sie unter größter Anspannung ins Bett gegangen sind.

Mein Tipp: Achte auf guten Schlaf!

Tipp Nr. 47

"Stillstand ist Rückschritt!"

Das haben Sie sicher schon einmal gehört.
Aber gerade heute, in einer Zeit, in der alles schneller geht, in der die Entwicklung sich dramatisch beschleunigt, ist es umso wichtiger, Schritt zu halten und nicht stehen zu bleiben.

Überlegen wir doch einmal, wie schnell unsere Welt geworden ist. Vor nur zwanzig Jahren wurde ein Produkt, bevor es auf den Markt gebracht wurde, lange getestet, dann wurde es produziert und über viele viele Jahre und Jahrzehnte verkauft. Heute ist ein Produkt, das auf den Markt kommt in der Regel schon alt. Die Vorlaufzeiten werden kürzer und die Zeitspanne, in der es verkauft wird, verringert sich auch immer mehr.

Deshalb gilt gerade heute: wenn wir aufhören besser zu werden, dann hören wir auf gut zu sein. Nur derjenige, der immer besser und besser wird, wird auch in Zukunft gut genug sein.

Mein Tipp: Sei heute ein kleines Stück besser als gestern!

Tipp Nr. 48

Stoßen Sie öfters an Ihre Grenzen?

Sagen Sie sich öfter mal "Das kann ich nicht" oder "Das geht nicht"? Schränken Sie sich öfter ein mit Bemerkungen wie "Ich habe keine richtige Ausbildung" oder "Ich bin zu jung (oder zu alt)"?
Wenn Sie dies tun, dann geht es Ihnen so, wie den meisten Menschen.

Aber denken Sie doch einfach mal an die Hummel. Die Hummel hat eine Flügelfläche von 0,7 cm^2 bei 1,2 g Gewicht. Nach den bekannten Gesetzen der Flugtechnik ist es unmöglich, bei diesem Verhältnis zu fliegen.
Die Hummel weiß das nicht - sie fliegt einfach!

Wenn Sie das nächste Mal an Ihre vermutlichen Grenzen stoßen, so denken Sie daran, dass die meisten Grenzen von uns selbst gesetzt sind. Und dass wir meist nur einen Grund brauchen, warum wir etwas tun können, was wir bisher mit tausend Gründen bewiesen haben, dass es nicht geht.

Mein Tipp: Sprenge deine Grenzen!

Tipp Nr. 49

Wissen Sie, wie Sie im Leben zu den Gewinnern gehören können?

Nun, es gibt da einen ganz simplen, aber höchst wirkungsvollen Grundsatz:
"Geben Sie den Menschen mehr von dem, was sie wollen."

Hört sich auf den ersten Blick sehr leicht an. Aber versuchen Sie einmal, nur einen Tag lang exakt nach diesem Grundsatz zu leben. Und Sie werden feststellen, warum es immer noch mehr Leute gibt, die nicht erfolgreich sind, als Leute, die es wirklich geschafft haben.

In diesem Grundsatz ist nämlich enthalten, dass wir uns zu allererst einmal um die Wünsche unserer Umgebung kümmern sollten - und eben nicht immer nur um die eigenen.

Natürlich sind die eigenen Wünsche wichtig und beachtenswert. Aber die Kunst liegt darin, beide unter einen Hut zu bringen. Die eigenen Wünsche also damit zu erreichen, dass ich die Wünsche anderer erfülle.

Eine anspruchsvolle Aufgabe - zugegeben! Aber eine Aufgabe, die sich lohnt.

Mein Tipp: Erfülle deine Wünsche, in dem du die Wünsche anderer erfüllst!

Tipp Nr. 50

Eine hervorragende Möglichkeit, dass es Ihnen im Leben besser gehen kann, ist folgende:
"Geben Sie den Menschen weniger von dem, was sie nicht wollen!"

Hört sich etwas seltsam an - zugegeben.

Aber das heißt im Klartext:
Hören wir auf, anderen Dinge aufzuschwatzen, die sie gar nicht wollen - und wenn es nur ein guter Rat ist.
Hören wir auf, unsere Meinungen und Ansichten anderen aufzudrängen.
Hören wir auf, unseren Geschmack für den einzig Richtigen zu halten.
Hören wir auf, von anderen Dinge zu verlangen, die wir selbst nicht gerne tun.

Und wir werden merken, dass wir ein viel besseres Miteinander erleben werden, dass unser Umgang mit unserer Umgebung sehr viel harmonischer verlaufen wird, dass es uns sehr viel besser geht.

Mein Tipp: Weniger ist oft mehr!

Tipp Nr. 51

Möchten Sie einmal dem Menschen begegnen, der wirklich für Ihr Leben verantwortlich ist?

Dann nehmen Sie sich einfach einen Spiegel. Stellen Sie sich davor und blicken Sie dem, den Sie jetzt gerade sehen, tief in die Augen. Und Sie werden genau den Menschen sehen, der dafür verantwortlich ist, wie es Ihnen geht.

Natürlich sind wir alle äußeren Umständen ausgesetzt, natürlich gibt es viele Dinge, die wir nicht beeinflussen können, aber wir können unsere Reaktion auf diese Dinge beeinflussen.

Und wenn Sie in Zukunft diesem Menschen im Spiegel auch noch offen und mit einem guten Gefühl in die Augen sehen wollen, dann achten Sie darauf, dass all diese Reaktionen auf die äußeren Umstände, all Ihre Handlungen, all Ihre Vorhaben und Entscheidungen sich danach ausrichten, ob Sie vor sich selbst, vor Ihrem Spiegelbild, in Zukunft noch bestehen können.

Mein Tipp: Sei vor dir selbst verantwortlich!

Tipp Nr. 52

Kennen Sie Menschen, die immer recht haben wollen?

Interessanterweise ist die Frage, ob jemand recht oder unrecht hat, in sehr starkem Maße davon abhängig, wie er die Dinge betrachtet.

Jeder hat aufgrund seiner Erziehung, seiner Herkunft und seiner Ausgangssituation eine andere Sichtweise, eine andere Art, die Dinge zu betrachten.
Aus seiner Warte heraus, hat er recht. Ein Anderer, der von einer anderen Lebenssituation her kommt, der von einer anderen Situation her die gleichen Gegebenheiten betrachtet, sieht etwas völlig anderes und hat also ebenfalls recht.

Wir haben meistens recht - von unserem Standpunkt aus gesehen. Gestehen wir also dieses Recht auch den anderen zu.

Mein Tipp: Ich hab recht - die andern auch!

Tipp Nr. 53

Unsere Gedanken formen unser Schicksal!

Es hört sich recht einfach und lapidar an, aber überlegen Sie einmal genau, wie das mit diesem Schicksal denn so läuft.

Achten wir auf unsere Gedanken - sie werden zu unseren Worten.

Achten wir auf unsere Worte - sie werden zu unseren Handlungen.

Achten wir auf unsere Handlungen - sie werden zu unseren Charaktereigenschaften.

Achten wir auf unseren Charakter - er wird zu unserem Schicksal.

Mein Tipp: Machen Sie sich positive Gedanken über Ihr Schicksal!

Tipp Nr. 54

Suchst du eine helfende Hand - du findest Sie am Ende deines Armes!

Sie kennen sicher den Spruch: Hilf dir selbst - dann hilft dir Gott!

Wie oft im Leben haben wir schon vergebens auf die Hilfe anderer gehofft?
Wie oft wurden wir von anderen enttäuscht?

Eine Möglichkeit, dies in Zukunft zu vermeiden, besteht darin, einfach keine Hilfe von außen zu erwarten, sondern sich auf seine eigenen Fähigkeiten zu berufen, seine eigenen Potenziale auszuschöpfen und aus eigener Kraft den Weg bis ans Ende zu gehen.

Wir werden überrascht feststellen, dass wir genau dann Hilfe von anderen bekommen, wenn wir die Entscheidung getroffen haben, es alleine zu tun. Dann kommt häufig aus irgendeiner Ecke, aus der wir es nicht vermutet haben, völlig unerwartet, Unterstützung.

Mein Tipp: Sei dir selbst die beste Hilfe!

Tipp Nr. 55

Üben Sie sich in anonymen Freundlichkeiten?

Diesen Spruch habe ich einmal als Autoaufkleber gesehen und ich fand dies eine super Idee.
Wenn wir Freundlichkeiten, egal in welcher Form, anonym betreiben, dann ist sichergestellt, dass wir diese Dinge nicht deshalb tun, damit sie wieder zurück kommen. Viele von uns tun Dinge für andere, um auch wieder etwas zu erhalten. Das ist jedoch in der Regel keine wirkliche Freundlichkeit, das ist mitunter eiskalte Berechnung.

Wenn wir aber kleine Freundlichkeiten, Hilfestellungen, Unterstützungen anonym tun, so dass der Empfänger nicht weiß, von wem sie kommen, dann ist es wirklich ein Geben des Gebens wegen.
Und auch der Empfänger kann sich keine Gedanken machen, wem er denn nun irgendetwas schuldig sein könnte.

Und Geben ist ja etwas, was uns Menschen im Grunde sehr gut tut. Obwohl die meisten immer aufs Nehmen ausgerichtet sind, ist das Geben oft mit sehr viel mehr Freude und Genugtuung für uns selbst verbunden.

Mein Tipp: Tu heimlich etwas Gutes!

Tipp Nr. 56

"Das würde ich mit meinem heutigen Wissen nicht mehr tun!"

Wie oft haben Sie sich selbst schon so etwas gesagt? Wie oft haben Sie Entscheidungen aus der Vergangenheit im Nachhinein bedauert?
Der einzige vernünftige Weg, mit solchen Fehlentscheidungen aus der Vergangenheit umzugehen, ist meines Erachtens, dafür zu sorgen, dass man so schnell als möglich aus diesen Situationen wieder heraus kommt.

Würden Sie nie mehr ein so großes Haus kaufen, weil es viel Arbeit mit dem Garten ist - verkaufen Sie es!
Würden Sie nie mehr Ihren Beruf wählen, weil er Ihnen keinen Spaß macht - lernen Sie etwas anderes!
Würden Sie nie mehr in einer solchen Gegend wohnen wollen - ziehen Sie um!

Die Aussicht auf ein viel zufriedeneres Leben wird Ihnen die Kraft und das Durchhaltevermögen geben, solche Dinge tatsächlich zu verändern.

Mein Tipp: Jede falsche Entscheidung kann ich auch wieder neu richtig treffen!

Tipp Nr. 57

Emanuael Kant hat einmal gesagt: "Handle stets so, dass die Maxime deines Willens zugleich als Prinzip einer allgemeinen Gesetzgebung gelten könnte."

Er meinte mit diesem zugegeben etwas komplizierten Satz, dass wir alle unsere Absichten und Handlungen danach prüfen sollten, ob wir wollten, dass alle mit den gleichen Absichten die gleichen Handlungen vollbringen.

Wir sollten uns also stets fragen, ob wir wollten, dass alle Menschen in unserer Familie sich genauso verhalten sollten, wir wir es tun und ob es dann eine bessere Familie wäre.

Wir sollten uns fragen, wenn alle Menschen in unserer Stadt sich genauso verhalten würden wie wir, ob es dann eine bessere Stadt wäre.

Und wenn sich alle Menschen in unserem Land und auf dieser Erde, so verhalten würden, wie wir es tun, ob es dann ein besseres Land und eine bessere Welt wäre.

Nur dann sollten auch wir diese Dinge tun!

Mein Tipp: Tu nur das, was du auch möchtest, dass andere es tun!

Tipp Nr. 58

Werden Sie auch oft von negativen Gedanken überrumpelt?

Wir wissen auf der einen Seite, dass es Sinn macht, positiv zu denken. Auf der anderen Seite passiert es uns allen aber, dass wir negative Gedanken im Kopf haben. Daran können wir nichts ändern. Aber wir können etwas daran ändern, ob sie bleiben.

Denn wir sind die einzigen, die entscheiden, was wir denken. Wir können also die negativen Gedanken weiterdenken oder wir können umschalten und den Hebel auf 'positiv' legen.

Das ist das Geheimnis der erfolgreichen Menschen. Sie beschäftigen sich einfach mehr mit dem, was sie haben wollen und eben nicht mit dem, was sie nicht haben wollen.

Denn immer wenn wir uns mit dem beschäftigen, was wir nicht haben wollen, werden wir uns ganz zwangsläufig mehr und mehr auch dorthin bewegen. Und beschäftigen wir uns mit dem, was wir haben wollen, werden sich unsere Handlungen an diesem Ziel ausrichten.

Mein Tipp: Denk positiv!

Tipp Nr. 59

Was du nicht willst, dass man dir tut - das füge auch keinem anderen zu!

Dieses Sprichwort kennen Sie und es steckt tatsächlich sehr viel Weisheit darin.

Für den Umgang mit anderen Menschen gibt es drei einfache Grundregeln, die man so formulieren könnte:

Ich denke von dir, wie ich wünsche, dass du über mich denkst.

Ich spreche von dir, wie ich möchte, dass du über mich sprichst.

Ich handle dir gegenüber so, wie ich wünsche, dass du es mir gegenüber tust.

Einfach - aber wirkungsvoll!

Versuchen Sie es und Sie werden feststellen, dass sich die Beziehung zu Ihren Mitmenschen erheblich verbessern kann.

Mein Tipp: Handle stets: "Wie ich dir, so du mir!"

Tipp Nr. 60

Distanzieren Sie sich doch einmal von Ihren Problemen!

Wir haben tatsächlich die Fähigkeit uns von uns selbst und von unseren Problemen zu distanzieren. Wir können uns 'innerlich aus uns herausnehmen' und uns quasi von außen betrachten, wie ein Beobachter.

Dies hat den Effekt, dass wir unsere Probleme plötzlich aus einem anderen Blickwinkel sehen, dass wir nicht mehr selbst drinstecken, sondern von außen eine andere Perspektive haben.

Und hierdurch können wir, wie das normalerweise nur ein Außenstehender, ein Berater oder ein guter Freund zum Beispiel tun kann, mit dieser neuen Blickrichtung, uns selbst einen guten Rat geben.

Mein Tipp: Geh mal aus dir raus!

Tipp Nr. 61

Sind Sie ein Glückspilz oder ein Pechvogel?

Glück ist für mich nicht ein zufälliges äußeres Ereignis. Glück hat vielmehr zu tun mit ganz simpler Statistik.

Derjenige, der dieses sogenannte Glück hat, hat einfach öfter probiert, hat auch öfter Fehler gemacht, hat auch öfter in den Sand gesetzt. Aber dadurch, dass er immer und immer wieder am Ball bleibt, dass er nie aufgibt, hat er irgendwann einmal Glück.

Der Schlüssel liegt also darin, dass wir dranbleiben, dass wir nicht aufgeben, dass wir unser Ziel im Auge behalten und es immer und immer wieder versuchen.

Glück ist also eine Frage der Wahrscheinlichkeit und je mehr wir tun, desto wahrscheinlicher ist es, dass wir irgendwann einmal Glück haben.

Mein Tipp: Versuche dein Glück immer wieder!

Tipp Nr. 62

Sie hatten sicher schon einmal die Möglichkeit eine Herde Tiere zu beobachten, sei es in der Natur, im Zoo oder einfach im Fernsehen.

Dabei fällt uns oft auf, dass wir auf den ersten Blick meinen, dass diese Tiere alle gleich aussehen. Aber wenn wir dann genauer hinsehen, stellen wir fest, dass jedes Tier seine Besonderheit hat - jedes Tier sieht doch etwas anders aus. Und dies fällt uns dann immer auf als etwas Besonderes, Individuelles, Außergewöhnliches, Einzigartiges.

Bei uns Menschen ist es genauso, auch wir sehen auf den ersten Blick gleich aus. Aber auch wir haben Besonderheiten, die uns von den anderen unterscheiden. Doch hier heißt es hässlicher, dicker, dünner, schöner - hier bewerten wir immer.

Aber auch bei uns Menschen geht es eigentlich darum, dass wir anders sind - individuell - einzigartig.

Hören wir also auf, unsere Besonderheiten in irgendeiner Form zu bewerten und betrachten sie als etwas "besonderes".

Mein Tipp: Erkenne deine Einzigartigkeit!

Tipp Nr. 63

Kennen Sie das 'so tun, als ob'-Prinzip?

Nun, es ist ganz einfach. Wenn Sie eine bestimmte Eigenschaft erreichen wollen, dann tun Sie doch einfach bereits jetzt so, als ob Sie diese Eigenschaft schon hätten.

Beispiel:
Sie regen sich sehr schnell über irgendwelche Dinge auf und wollen die Eigenschaft der inneren Ruhe und Gelassenheit erreichen. Tun Sie doch einfach so, als ob Sie bereits ruhig und gelassen wären.
Das wird Ihnen sicher nicht immer gelingen, aber dadurch, dass Sie es immer und immer wieder tun, werden Sie irgendwann, eh Sie sich versehen, diese Eigenschaft tatsächlich haben.

Dieses 'so tun, als ob' funktioniert in ganz vielen Bereichen:
* tun Sie doch einfach heute schon so, als ob Sie glücklich wären,
* tun Sie so, als ob Sie eine tolle Partnerschaft hätten,
* tun Sie schon so, als ob es Ihnen rund um gut gehen würde.
Sie werden feststellen, Sie werden sich mehr und mehr dorthin entwickeln.

Mein Tipp: Tu öfters mal, als ob ...!

Tipp Nr. 64

Haben Sie manchmal Schuldgefühle?

Sicher gibt es keinen Menschen, der in der Vergangenheit nicht schon einmal Fehler begangen hat, etwas Unrechtes getan oder etwas Falsches gesagt und/oder unterlassen hat.

Wenn Sie aber deswegen Schuldgefühle haben, dann hat dies keinerlei Sinn. Denn was ändern diese denn an den vergangenen Fehlern? Nichts! Wir können unser früheres Verhalten nicht mehr ändern.

Das einzige, was wir aber tun können, ist aus den Fehlern zu lernen und darauf zu achten, dass wir sie in Zukunft nicht mehr machen. Solange wir uns aber mit Schuldgefühlen quälen, liegt unsere Aufmerksamkeit auf den Fehlern und nicht auf dem, was wir daraus gelernt haben.

Sie wissen ja, wo immer unsere Aufmerksamkeit liegt, das werden wir mehr und mehr in unser Leben ziehen.

Also mein Tipp: Vergiss die alten Fehler!

Tipp Nr. 65

War schon mal jemand neidisch auf Sie?

Herzlichen Glückwunsch!
Denn das bedeutet, dass Sie etwas erreicht haben, was die anderen auch gerne erreicht hätten.

Neid ist ja im Grunde immer nur der Ärger über das eigene Unvermögen, das heißt die anderen ärgern sich darüber, dass sie selbst diese Dinge nicht geschafft haben. Neid ist also eine Form der Anerkennung.

Sie können somit stolz auf sich sein, wenn jemand neidisch ist.
Klopfen Sie sich also auf die Schulter, Sie scheinen irgendetwas richtig gemacht zu haben, richtiger als die anderen. Und sogar so richtig, dass es bereits auffällt. Ein gutes Zeichen – Sie sind offensichtlich auf dem richtigen Weg.

Mein Tipp: Genieße den Neid der anderen!

Tipp Nr. 66

Sind Sie manchmal eifersüchtig?

Alberto Sordi hat einmal gesagt: "Ein bisschen Eifersucht ist das Salz in der Suppe, aber man kann bekanntlich auch seine Suppe versalzen!"

Eifersucht ist im Grunde die Angst, den anderen mit jemandem teilen zu müssen oder gar ihn zu verlieren.
Und Eifersüchtige versuchen oft mit allen Mitteln den anderen an sich zu binden, aber damit erreichen sie meist genau das Gegenteil. Sie klammern sich förmlich an den anderen. Und dieses Klammern kann dazu führen, dass der andere sich gerade deswegen mehr Freiraum verschaffen will, dass der andere sich gerade wegen diesem Klammern mehr und mehr von ihnen entfernt und sie ihn dadurch mitunter sogar verlieren.

Sie erreichen mit ihrer Eifersucht also genau das Gegenteil dessen, was sie wollen.

Mein Tipp: Lass den anderen los und er wird bereitwillig zu dir kommen!

Tipp Nr. 67

Haben Sie es oft sehr eilig?

Heute ist es ja schon "in", in Eile zu sein. Wer heute im Terminstress steht, wer dauernd etwas zu tun hat, hat meist die Anerkennung seiner Umgebung.

Aber Eile ist genau betrachtet nur die Unfähigkeit seine Zeit richtig zu organisieren.

Jeder Mensch hat an einem Tag 24 Stunden zur Verfügung und einige wenige scheinen in dieser Zeit enorm viel leisten zu können, ohne in Eile zu sein. Während die anderen nur mittelmäßige oder geringe Leistung vollbringen, obwohl oder vielleicht weil sie ständig in Eile sind.
Es scheint also wirklich an der eigenen Organisation der Zeit eines jeden einzelnen zu liegen.

Und häufig entstehen auch viele Fehler durch Eile.
Oft wird eine Arbeit besser und gründlicher erledigt, wenn wir sie in Ruhe machen, als wenn wir uns abhetzen und sie versuchen in Eile über die Bühne zu bringen.

Und darüber hinaus macht ständige Eile auch krank.

Mein Tipp: Nimm dir Zeit!

Tipp Nr. 68

Haben Sie manchmal Probleme mit Ihrem Alter?

Interessanterweise haben sehr viele Menschen Probleme mit dem Alter. Einmal sind sie zu jung, dann sind sie zu alt, aber immer wieder finden sie Gründe, warum sie jetzt gerade nicht das richtige Alter haben.

Dabei geht es sehr viel weniger um die Jahre, die wir auf dem Buckel haben, als vielmehr um die Einstellung, die wir diesem Alter entgegen bringen.

Dass man ganz bestimmte Dinge in einem bestimmten Alter tut oder nicht tut, hat aber nichts damit zu tun, dass wir uns diesen Normen unterwerfen müssen. Und gerade wirklich zufriedene und erfolgreiche Menschen haben immer wieder bewiesen, dass Alter im Grunde kein Hinderungskriterium ist für irgendetwas.

Mein Tipp: Genieße dein Alter!

Tipp Nr. 69

Kennen Sie "Sich-selbst-erfüllende Prophezeihungen"?

Also Vorhersagungen, die wir über uns oder unser Leben treffen und die sich dann quasi ganz alleine, wie von selbst, erfüllen.

Das hängt daran, dass wir eine ganz bestimmte Einstellung über uns und unsere Zukunft haben. Und unbewusst, ohne dass wir uns darüber im Klaren sind, richten wir unsere Entscheidungen und Handlungen genau nach diesen Vorhersagen. Und langsam aber sicher wird dann dieses Verhalten dazu führen, dass wir tatsächlich diese Zukunft bekommen.

Wir entscheiden ja immer nach unseren Glaubenssätzen über uns und unser Leben. Egal, ob diese nun positiv oder negativ sind.

Wir haben unsere Zukunft also nicht vorausgesehen, wir haben sie verursacht.

Deshalb mein Tipp: Erwarte das Beste!

Tipp Nr. 70

Ist Ihnen manchmal langweilig?

Langeweile heißt, dass wir mit der Zeit, die wir gerade zur Verfügung haben, nichts anzufangen wissen.

Viele Leute beschäftigen sich dann mit irgendwelchen Dingen, so zum Zeitvertreib. Aber überlegen Sie mal, was das bedeutet: Sie vertreiben die Zeit. Und manche sind noch extremer: sie schlagen die Zeit sogar tot. Dabei haben wir alle nur 24 Stunden davon an jedem Tag zur Verfügung.
Und vertriebene oder totgeschlagene Zeit kommt nie mehr zurück.

Nutzen wir unsere Zeit lieber für vernünftige Dinge. Wenn wir nur ein bisschen nachdenken, fallen uns sicher eine ganze Menge vernünftiger Dinge ein.

Zeit ist schließlich das Einzige in unserem Leben, dass wir nicht vermehren können.

Mein Tipp: Nutze deine Zeit!

Tipp Nr. 71

Wann haben Sie das letzte Mal ein gutes Buch gelesen?

"Wissen ist Macht!" Diesen Spruch kennen Sie.
Und in der Tat haben wir alle schon erfahren, dass ohne ein entsprechendes Wissen wirklich gar nichts zu bewerkstelligen ist.

Aber sorgen wir auch alle dafür, dass wir dieses Wissen immer und immer wieder erweitern? In unserer heutigen Zeit ist es tatsächlich so, dass Stillstand Rückschritt bedeutet. Ständig gibt es Neuerungen, Veränderungen, eben neues Wissen. Und auch um nur halbwegs damit Schritt halten zu können, ist es notwendig, dass wir uns darüber informieren.

Und eine Möglichkeit ist, entsprechende Bücher und Zeitschriften zu lesen. Und die sind ja alle allen zugänglich. Wie heißt es so schön – Bibliotheken sind Universitäten, für die man keinen Numerus Clausus braucht.

Mein Tipp: Lies mal wieder!

Tipp Nr. 72

Können Sie sich gut Namen merken?

Der Name ist einer der ersten Worte, die ein Mensch hört und somit für ihn eines der wichtigsten Worte.

Wenn Sie nun neue Menschen kennen lernen und sich deren Namen nicht merken können, wird das einen sehr negativen Einfluss auf diese Beziehung haben. Dabei gibt es ganz einfache Tricks, die man anwenden kann, um sich einen Namen zu merken.

Arbeiten Sie mit inneren Bildern. Sehen Sie diesen neuen Menschen vor Ihrem geistigen Auge mit einem anderen Menschen, der den gleichen Namen hat. Oder vielleicht lässt sich sein Name in einen Beruf umwandeln, wie Müller oder Schmidt – wie Schmid, oder Sie zerlegen den Namen einfach in Einzelteile und bauen sich daraus ein Bild.

Jedes Bild, das wir im Kopf haben, bleibt viel länger im Gedächtnis erhalten als gesprochene Worte.

Mein Tipp: Merke dir Namen in Bildern!

Tipp Nr. 73

"Ehrlich währt am längsten!"

Diesen Spruch kennen Sie.
Kritiker davon behaupten ja, es würde bedeuten, dass man auf ehrlichem Wege am längsten bräuchte, um an Erfolg und Wohlstand zu kommen.

Vielleicht ist es wirklich so, dass man auf unehrliche Art und Weise schneller zu Geld kommt. Aber sicher nicht zu Erfolg, wenn man Erfolg als etwas Ganzes betrachtet, als etwas, was nicht nur unser Bankkonto, sondern auch unsere Beziehungen, unser Umfeld, unsere Gesundheit und unseren ruhigen Schlaf nachts betrifft.

Was haben Sie für eine Meinung von einem Menschen, den Sie z. B. einer Lüge überführt haben? Da kommt einem ganz schnell 'wer einmal lügt, dem glaubt man nicht und wenn er auch die Wahrheit spricht' in den Sinn. Und es ist wirklich so, mal davon abgesehen, dass eine Lüge oft ganz viele andere Lügen nach sich zieht, wir verbauen uns das Vertrauen unserer Mitmenschen.

Mein Tipp: Sei ehrlich!

Tipp Nr. 74

Sind Sie ein guter Erzieher?

Egal ob als Elternteil, als Onkel oder Tante, als Lehrer, als Vorgesetzter oder einfach als Vorbild.

Irgendwie fungiert jeder von uns als Erzieher. Erziehen erinnert aber an "ziehen". Und haben Sie schon mal einen Gärtner gesehen, der in seinem Garten an seinen Pflanzen zieht, damit sie schneller wachsen?

Leider tun wir Menschen das mit unseren Mitmenschen aber sehr oft. Das einzige, was wirklich sinnvoll ist, ist dass wir - wie bei den Pflanzen - unseren Mitmenschen ein Umfeld schaffen, in dem sie sich nach ihrer Art frei entwickeln und entfalten können.

Seien wir also weniger Erzieher als vielmehr Pfleger.

Mein Tipp: Pflege deine Mitmenschen!

Tipp Nr. 75

IMMER – NIE – ALLES – NICHTS!
Wir kennen diese Verallgemeinerungen und häufig genug benutzen wir alle diese Worte, ohne dass es wirklich zutreffend wäre:

Immer passieren mir solche Dinge!
Nie kann ich mir irgendwelche Namen merken!
Nichts gelingt mir!
Alles geht schief!

Also, ich kenne niemanden, dem wirklich alles schief geht, oder der sich wirklich keinen Namen merken kann.

Jedoch haben diese unzutreffenden Verallgemeinerungen einen großen Einfluss auf uns. Wenn wir uns das immer wieder vorsagen, wenn wir es immer wieder behaupten, wird sich dies in unserem Unterbewusstsein festsetzen und die Anzahl der Dinge, die dann wirklich z. B. schief gehen, wird sich immer weiter erhöhen.

Deshalb achten wir darauf, dass wir nicht verallgemeinern, sondern wirklich die Dinge beim Namen nennen und auf den Punkt bringen.

Mein Tipp: Sei konkret!

Tipp Nr. 76

Können Sie schwer "nein" sagen?

Wie oft haben wir schon Dinge zugesagt, die wir eigentlich gar nicht tun wollten, aber wir hatten Angst, dem anderen auf den berühmten Schlips zu treten und wir konnten eben diese Bitte einfach nicht abschlagen?

Sehr häufig fühlen wir uns nach einer solchen nicht gewollten Zusage unwohl und ärgern uns darüber, dass wir sie gemacht haben.

Es ist sehr wichtig, sich auch mal abzugrenzen und nicht alle Wünsche, die an uns herangetragen werden, zu erfüllen.
Es ist wichtig, auch mal egoistisch zu sein. Wohl gemerkt: auch mal egoistisch, also nicht dauernd nur auf die eigenen Belange und Wünsche konzentriert sein.

Wer immer nur "Ja" sagt zu allen Dingen, um die er gebeten wird, lebt irgendwann nicht mehr sein eigenes Leben, sondern nur noch das Leben der anderen.

Mein Tipp: Sag auch mal "Nein"!

Tipp Nr. 77

Ein berühmter Clown hat einmal gesagt: "Der Optimist denkt oft ebenso einseitig, wie der Pessimist, nur er lebt froher."

Sicher ist es nicht sinnvoll, das Leben durch die "rosarote Brille" zu sehen und alle negativen Dinge einfach zu ignorieren.

Genauso unsinnig ist es aber auch, sich nur auf die negativen Seiten des Lebens zu fixieren. Daran sind wir heute ja allerdings gewöhnt, wenn wir eine Zeitung aufschlagen oder uns Nachrichten im Radio oder Fernsehen anhören, dann werden wir zum größten Teil mit negativen Nachrichten versorgt.

Beides, der Optimismus wie der Pessimismus, sind an sich nicht das Optimum. Aber unser Leben wird sicher lebenswerter, wenn wir darauf achten, den Großteil unseres Lebens Optimist zu sein.

Mein Tipp: Sei Optimist!

Tipp Nr. 78

Winston Churchill hat einmal gesagt: "Alle großen Dinge sind im Grunde einfach."

"Warum denn einfach, wenn es auch kompliziert geht?"
Diesen Spruch haben Sie vielleicht schon mal gehört. Wir neigen heutzutage dazu, Dinge nur dann als funktionsfähig und richtig zu betrachten, wenn sie kompliziert und schwierig sind.

Aber achten wir mal darauf: die wirklich wichtigen Dinge im Leben sind oft sehr einfach.

Hüten wir uns also vor komplizierten Lösungen, hüten wir uns vor Ratgebern, die uns einen komplizierten Weg erklären, und achten wir darauf, es möglichst einfach und praktikabel zu halten.

Zudem ist es ja oft so:
Meist erklären die Theoretiker kompliziert, die Praktiker hingegen sehr einfach. Wichtig ist ja, dass es in der Praxis funktioniert. Und wenn möglich, sehr leicht.

Mein Tipp: Konzentriere dich auf das Einfache!

Tipp Nr. 79

Gefällt Ihnen Ihr Job?

Arthur Lassen hat einmal gesagt: "Sehnst du dich nach einer neuen Arbeit, begeistere dich heute für deine Jetzige, dann hast du eine Neue gefunden."

Oft ist es nicht unsere Arbeit, sondern unsere Einstellung dazu.

In dem Moment, als wir unseren Job gewählt haben, hatten wir ihn mit positiven Gefühlen verbunden. Vielleicht deshalb, weil uns die Aufgabe gefallen hat, weil der Verdienst gut war oder weil wir das Geld einfach gebraucht haben. Vielleicht weil wir mit Menschen zusammenarbeiten können, die wir mögen und schätzen. Auf jeden Fall hatte es einen guten Grund, warum wir uns diese Arbeit gewählt haben. Im Laufe der Zeit hat aber die Begeisterung für diese Arbeit nachgelassen. Sie ist im Rahmen der Routine langsam verschwunden.

Durchbrechen wir diese Routine und begeistern wir uns für das, was wir heute tun. Und wir haben tatsächlich einen neuen Job.

Mein Tipp: Finde deine Arbeit einfach toll!

Tipp Nr. 80

Sagen Sie öfters: "Ich muss ...!"?

Wenn Sie möchten, dann testen Sie einfach mal folgende Möglichkeit:
Jedesmal wenn wir normalerweise sagen "ich muss dies oder jenes tun", sagen wir in Zukunft doch "ich möchte dies oder jenes tun".

Natürlich gibt es Dinge, auf die wir direkt keinen Einfluss haben und die wir irgendwie tun müssen.
Aber wir werden durch diese Äußerung 'ich möchte' eine sofortige Änderung in uns selbst bemerken. Unsere Bereitschaft für die Tätigkeit wird sich erhöhen und unsere Stimmung wird sich verbessern.

Und Sie werden ebenso merken, dass es eine Änderung bei den Menschen gibt, mit denen Sie sich gerade unterhalten. Auch diese werden es als viel angenehmer empfinden.

Es ist wirklich erstaunlich, wie groß der Unterschied ist, wenn wir sagen "ich muss" oder wenn wir sagen "ich möchte".

Mein Tipp: Sag öfter mal "Ich möchte ...!"

Tipp Nr. 81

Der Tag, der vor uns liegt, ist einzigartig!

Wir beginnen einen Tag oft mit der gleichen Routine wie den Vortag. Wir sind der gleiche Mensch, wie bei allen anderen Tagen auch. Wir fragen uns, was wir alles erledigen müssen und ob wir es wohl schaffen an diesem Tag.

Aber es sollte uns klar sein, dass der neue Tag, der vor uns liegt, wirklich einzigartig ist, denn kein Tag unseres Lebens kommt je wieder zurück.
Mit jedem Erwachen haben wir einen kleinen Abschnitt unseres Lebens verbraucht und finden uns irgendwo auf einem neuen Stand.

So betrachtet, ist jeder Tag ein Leben für sich. Eine Zeitspanne, in die wir jeden Morgen hineingeboren werden.

Seien wir uns dessen bewusst und leben wir jeden Tag ein bisschen wie ein neues Leben, wie eine einzigartige Chance etwas aus uns und unserem Leben zu machen.

Mein Tipp: Nutze jeden neuen Tag!

Tipp Nr. 82

Die Zauberworte "Bitte" und "Danke" ...

Als Kinder wurden wir ermahnt, "Bitte" und "Danke" zu sagen, und wir als Erwachsene ermahnen oft unsere Kinder dazu. Aber gebrauchen wir es selbst noch in ausreichendem Maße?

Eine Beziehung, ob sie nun privat ist – ein Partnerschaft, eine Freundschaft – oder ob es sich um eine Geschäftsbeziehung handelt, hat entscheidend mit der persönlichen Bindung zweier Menschen zu tun. Und diese können wir sehr gut verbessern, wenn wir uns die Worte Bitte und Danke immer wieder mal in Erinnerung rufen.

Für viele scheinen sie Floskeln zu sein, aber sie bewirken wirklich eine bessere menschliche Beziehung untereinander. Sagen Sie "Bitte", wenn Sie etwas wollen und bedanken Sie sich, wenn Sie es dann tatsächlich bekommen haben.

Mein Tipp: "Bitte", sag mal wieder "Danke"!

Tipp Nr. 83

Sind Sie mit Ihrer Figur und Ihrem Gewicht zufrieden?

Wenn nein, dann gehören Sie zu der Mehrzahl der Bevölkerung. Kaum ein Mensch findet wirklich, dass seine Figur seinem eigenen Ideal entspricht. Auch wenn es von außen oft ganz anders bewertet wird.

Interessanterweise hängt aber das Thema Figur und Gewicht auch mit unserer inneren Einstellung hierzu zusammen.

Unser Verhalten läuft zu 90 % unterbewusst gesteuert. Und hierzu zählt natürlich auch unser Essverhalten und unser Bewegungsverhalten und gerade das Thema Essen und Trinken sowie das Thema körperliche Aktivität hat entscheidenden Einfluss auf unser Gewicht.

Was liegt also näher, als darauf zu achten, dass diese unterbewussten Prägungen zu diesem Thema verändert werden. Und dies funktioniert, in dem wir uns immer und immer wieder mit der Figur und dem Gewicht beschäftigen, das wir gerne hätten und eben nicht mit dem, was wir nicht wollen.

Mein Tipp: Denke dich schlank!

Tipp Nr. 84

Gibt es Menschen auf die Sie stolz sind?

Sehr oft haben wir mit Menschen zu tun, die wir toll finden oder auf die wir in irgendeiner Weise stolz sind. Ob das nun unsere Kinder sind, ob das unser Partner ist, unsere Eltern oder ein Freund.

Und oftmals äußern wir diesen Stolz dritten gegenüber, das heißt, wir erzählen zum Beispiel in unserem Bekanntenkreis, dass wir stolz auf unser Kind sind, dass es so gut in der Schule ist. Wir erzählen unserem Partner, dass wir stolz darauf sind, einen besonders erfolgreichen Menschen als unseren Freund zu bezeichnen.

Aber haben wir diesen Stolz auch schon mal demjenigen gegenüber geäußert, den es betrifft?

Sagen wir doch unserem Kind, dass wir stolz auf es sind. Sagen wir unserem Freund, dass wir stolz auf ihn sind oder sagen wir unserem Partner, dass wir stolz darauf sind, ihn als Partner zu haben.

Wir Menschen mögen, ja brauchen sogar diese Anerkennung. Geben wir sie ihnen.

Mein Tipp: Sage deinen Stolz!

Tipp Nr. 85

Sind Sie gerne draußen in der Natur?

Wenn ja, dann nutzen Sie vielleicht ganz unbewusst eine Energiequelle, die sehr große Auswirkungen auf uns Menschen hat.

Man hat festgestellt, dass der Aufenthalt in der Natur, im Wald, auf einer Wiese, in den Bergen oder am Meer einen sehr großen positiven Einfluss auf unsere Gesundheit hat.
In der Natur können wir abschalten von Stress, von dem Lärm der Zivilisation, von künstlichen Produkten, Betonburgen und Autos.

Nicht umsonst werden Menschen, die in sehr ländlichen natürlichen Gegenden wohnen, oft sehr viel älter als Stadtbewohner. Der Einfluss der Natur zeigt hier seine Wirkung.

Machen wir uns deshalb zur Gewohnheit, regelmäßig, am besten täglich etwas raus, nicht nur an die Luft, sondern wirklich an die frische Luft, in einer möglichst natürlichen Umgebung zu gehen.
Dies stärkt unsere Gesundheit und gibt uns Kraft für den Rest des Tages.

Mein Tipp: Genieße Natur pur!

Tipp Nr. 86

"Liebe das Leben und das Leben liebt dich!"

Vielleicht haben Sie auch schon die Beobachtung gemachte, dass Menschen, die sich mit allen Dingen, mit allen Menschen um sich herum, mit allen Gegebenheiten sehr leicht anfreunden, die sie ja fast lieben, sehr viel glücklicher und zufriedener sind, als der Rest der Menschheit.

Diese Menschen haben es sich einfach zur Gewohnheit gemacht, das Leben und alle Bedingungen um sich herum zu mögen, ja sogar zu lieben.

Und gleich wie ein Boomerang kommt diese positive Empfindung, die sie dem Leben entgegenbringen auch wieder zu ihnen zurück. Die Menschen um sie herum sind freundlich zu ihnen, die Situationen scheinen ihnen nur Gutes zu tun, das Schicksal meint es gut mit ihnen.

Die Ursache dafür liegt aber nicht in den äußeren Bedingungen, sondern darin, dass diese Menschen das Leben einfach lieben.

Mein Tipp: Liebe das Leben!

Tipp Nr. 87

Ist Ihnen auch schon mal aufgefallen, dass wenn Sie guter Stimmung sind, Ihnen alles ganz leicht und wie perfekt von der Hand geht?

Das haben wir alle schon erlebt, wenn wir nicht gut drauf sind, geht vieles schief. Wir verbrennen uns am heißen Kaffee den Mund, wir werden von unserem Arbeitskollegen angeraunzt oder wir verlieren unseren Schlüsselbund.

An anderen Tagen, wenn wir gut drauf sind, läuft alles wie von alleine. Wir haben gute Ideen, wir haben tolle Kontakte zu unseren Mitmenschen, der Erfolg fliegt uns gerade so zu. Diese Dinge sind in der Tat abhängig von unserer inneren Stimmung, wie wir uns fühlen.

Und es ist eben nicht umgekehrt, wenn wir tolle Dinge erleben, dass wir dann gute Laune haben - es ist andersherum. Erst dann, wenn wir innen eine gute Stimmung haben, können wir außen tolle Dinge bewerkstelligen.

Und diese innere Stimmung können wir beeinflussen. Wir können 'einfach nur so' gut drauf sein, um somit die Grundlage zu haben, außen auch gute Dinge zu tun.

Mein Tipp: Sei einfach gut drauf!

Tipp Nr. 88

"Ich werd's versuchen!"

Kennen Sie einen solchen Satz? Vielleicht sogar von sich?

Welches Gefühl haben wir, wenn wir jemanden um einen Gefallen bitten und er sagt uns: "Ja, ich werde es versuchen"? Vermutlich geht es uns so, wie den meisten Menschen, dass wir diese Aussage nicht wirklich für ernst nehmen.

Jeder, der sagt, dass er etwas versuchen will, gibt sich von vorneherein schon die Möglichkeit, dass es nicht klappen wird. Er hat sich also quasi die Ausrede, dass er es ja versucht hat, schon mitgeliefert.
Und die meisten, die etwas versuchen wollen, erreichen dies ganz selten.

Achten wir deshalb darauf, dass wir das Wort 'versuchen' aus unserem Wortschatz einfach streichen. Und wenn wir etwas tun wollen, dass wir es einfach auch sagen.
Nicht "ich werde versuchen, es zu tun" sondern "ich tue es".

Mein Tipp: Sag "Ich tue's!"

Tipp Nr. 89

Die Indianer betrachteten früher die Pflanzen um sich herum als Lebewesen.

Auch wir heute wissen natürlich, dass Pflanzen leben. Aber die Indianer gingen sogar noch weiter und meinten, es wären Geschöpfe mit eigenem Bewusstsein. Das heißt, ein Baum hätte so etwas wie einen Verstand. Die moderne Forschung scheint dies heute wieder zu belegen.

Man hat festgestellt, dass Pflanzen äußere Einflüsse irgendwie zu verstehen scheinen. Dass Pflanzen zum Beispiel auf verschiedene Arten von Musik, die sie hören, reagieren. Wenn eine Pflanze mit lauter Rockmusik berieselt wird, wendet sich die Pflanze von dieser Musikquelle ab. Wenn dagegen klassische Musik gespielt wird, wächst die Pfanze in Richtung zu dem Lautsprecher. Ein Phänomen, das bis heute noch nicht ganz erklärt ist.

Wichtig für uns ist jedoch, dass es tatsächlich so zu sein scheint, dass Pflanzen irgendwo auch so etwas wie Gefühle haben.
Nicht umsonst haben diejenigen die schönsten Blumen, die mit ihnen reden.

Mein Tipp: Sei nett zu deinen Pflanzen!

Tipp Nr. 90

Wie oft haben Sie schon gesagt: "Ich kann das nicht!"?

Wenn wir mit neuen Aufgaben konfrontiert werden, wenn wir etwas tun sollen, was wir noch nie vorher gemacht haben, dann neigen wir dazu, vorschnell zu behaupten, dass wir das nicht können.

Durch diese Aussage untermauern wir aber diese Vermutung und es ist dann sehr wahrscheinlich, dass wir es wirklich nicht lernen werden. Wir werden es ja vermutlich aufgrund dieser Behauptung erst gar nicht richtig versuchen.

Deshalb sagen wir uns das nächste Mal, wenn wir meinen, dass wir etwas nicht können: "Ich habe das noch nie gemacht" und "ich kann es lernen".

Dies fördert unser Selbstwertgefühl und auch die Möglichkeit, wirklich neue Dinge zu lernen.

Mein Tipp: Sag öfter mal "Ich kann!"

Tipp Nr. 91

Regen Sie sich beim Auto fahren manchmal über die Lkw's auf?

Das kennen wir alle, dass wir unterwegs sind und sich plötzlich ein dicker fetter Laster vor uns schiebt und wir meinen, dass wir nur noch im Schritttempo vorwärts kommen.
Oder wir fahren auf der Autobahn auf der Überholspur und plötzlich zieht 50 Meter vor uns ein Lkw auf unsere Spur und wir müssen richtig in die Eisen steigen.

Solche Situationen führen oft dazu, dass man über die 'blöden' Lkw-Fahrer schimpft.

Aber sehen wir es mal von einer anderen Seite. Sehen wir doch den positiven Aspekt.

Wenn es diese Lastwagen nicht gäbe, wären keine Waren in unseren Geschäften, könnten wir keine frische Milch kaufen, wir bekämen keine warmen Kleider und auch das Heizöl, mit dem wir im Winter heizen, könnte nicht angeliefert werden. Unser gesamtes Leben würde mehr oder weniger zusammenbrechen, wenn es diese Lkw's und hiermit auch den Lkw, der manchmal vor uns fährt, nicht gäbe.

Sehen wir es deshalb positiv und freuen uns, dass wieder frische Waren geliefert werden, die auch uns einen Nutzen bringen.

Mein Tipp: Akzeptiere die Laster!

Tipp Nr. 92

Finden Sie, dass Sie attraktiv sind?

Nun hat das Thema Attraktivität ja nicht nur mit unserer äußeren Erscheinung zu tun. Natürlich sollte die gepflegt sein. Attraktivität hat aber vor allem mit dem Thema Ausstrahlung zu tun.

Und unsere Ausstrahlung ist abhängig von unserer inneren Verfassung, wie wir uns fühlen, ob wir gut drauf sind, ob wir glücklich und zufrieden sind.
Dann haben wir eine gute Ausstrahlung.

Wir können also dadurch, dass wir uns eine positive Einstellung zum Leben angewöhnen, tatsächlich etwas an unserem Aussehen, in Bezug auf die Ausstrahlung, verändern.

Und Sie werden feststellen, dass sich dadurch Ihre Aufmerksamkeit auf Ihr Äußeres verändern wird.
Und somit auch diese nach und nach immer attraktiver wird.

Mein Tipp: Denke dich schön!

Tipp Nr. 93

Fehlt Ihnen manchmal eine gute Idee?

Wenn wir für ein Problem eine Lösung suchen, wenn wir, um an ein Ziel zu gelangen, eine bestimmte Idee brauchen, dann machen wir doch einmal folgendes:

Setzen wir uns hin, nehmen uns ein Blatt Papier und stellen uns die Frage: "Was kann ich tun, um dieses Problem zu lösen?". Notieren wir alles, was uns hierzu in den Kopf kommt.

Aber wichtig ist, dass wir erstens wirklich alles notieren, ohne uns zunächst zu fragen, ob diese Ideen sinnvoll und machbar sind oder nicht.
Und zweitens notieren wir mindestens zwanzig Ideen.
Die ersten sechs, sieben Ideen werden uns recht rasch kommen, aber bleiben wir dran, bis wir wirklich zwanzig voll haben.
Diese Methode nennt man übrigens ‘mindstorming’, also Geistessturm.

Und das Tolle daran ist, wir werden mindestens eine Idee darunter finden, die uns der Lösung wirklich näher bringt.

Mein Tipp: Suche nach Lösungen!

Tipp Nr. 94

Reichtum, Gesundheit, Glück und Erfolg!

Dies sind Dinge, die auch Sie sicher gerne hätten.
Nun, wir wissen aber, dass unsere Psyche sehr stark durch das beeinflusst wird, was wir tagsüber so sagen und denken. Und wir wissen auch, dass unser Verhalten, das entscheidend dafür ist, ob wir diese Dinge erhalten, größtenteils unterbewusst, also automatisch, von unserer Psyche durch diese Prägungen beeinflusst wird.

Was sagen wir uns zum Thema Gesundheit? Was sagen wir uns zum Thema Glück? Und, was sagen wir uns zum Thema Reichtum und Erfolg?

Achten wir einmal ganz bewusst darauf, was wir uns zu diesen Themen sagen und prägen wir unsere Psyche auch damit, dass wir öfters am Tage einfach diese Begriffe 'Reichtum', 'Gesundheit', 'Glück' und 'Erfolg' mehrfach wiederholen.

Mein Tipp: Sag dir öfters "Reichtum, Gesundheit, Glück und Erfolg!"

Tipp Nr. 95

Ärgern Sie sich manchmal über die ‘Macken’ Ihrer Mitmenschen?

Das kennen wir alle, dass wir einige Menschen um uns haben, die bestimmte Eigenheiten an den Tag legen, die halt ihre ‘Macke’ haben.
Und oftmals regen wir uns darüber auf.

Aber überlegen wir uns mal folgendes: Angenommen jemand in Ihrer Umgebung hätte sich das Bein gebrochen, hätte jetzt einen Gips und er würde mit diesem Gips auch herumlaufen. Natürlich würde das dazu führen, dass es beim Gehen etwas lauter ist als sonst. Dass es jedesmal einen dumpfen Ton gibt, wenn er auftritt mit dem Gips. Nur würde sich darüber niemand ärgern. Er kann ja schließlich nichts dafür, dass der Gips so einen Lärm bereitet.

Aber können wir denn etwas für unsere ‘Macken’?
Ist es nicht auch so, dass die Dinge, die wir bei anderen als Sonderheit betrachten auch von denen nicht bewusst und absichtlich gemacht werden. Also könnten wir doch auch hier es einfach akzeptieren, als etwas, das dieser Mensch nicht vorsätzlich tut, um uns zu ärgern, sondern einfach als eine Folge einer unverschuldeten Gegebenheit.

Mein Tipp: Akzeptiere die ‘Macken’ deiner Mitmenschen!

Tipp Nr. 96

"Sie stehen nicht im Stau, Sie sind der Stau!"

Vielleicht haben Sie diese Aussage schon einmal gehört. Aber nicht nur in Bezug auf den Straßenverkehr, sondern auch in Hinsicht auf viele andere Bereiche, steckt in diesem Satz sehr viel Wahrheit.

Er erinnert uns daran, dass wir jedesmal, wenn wir uns einer misslichen Situation gegenüber sehen, fragen sollten: "Was habe ich getan, um zu dieser Situation beizutragen?".

Genau wie auch wir ein Teil des Staus sind, genau wie auch wir mit unserem Auto dazu beitragen, dass der Stau überhaupt erst entstehen konnte, genauso ist es auch in vielen anderen Bereichen.

Fragen Sie sich also ernsthaft:
"Was habe ich getan, dass meine Partnerschaft so und nicht anders läuft?".
"Was habe ich getan, damit das Verhältnis mit meinen Kindern oder meinen Eltern genau so ist, wie es ist?",
"Was habe ich getan, dass mein Leben heute so läuft, wie es läuft?".

Erkennen wir unsere Verursacher-Rolle und ändern wir unseren Teil daran.

Mein Tipp: Übernimm Verantwortung!

Tipp Nr. 97

Unser Verhalten und unser inneres Befinden sind das Ergebnis der inneren Bilder!

Das wissen Sie vielleicht schon lange, aber es kommt nicht nur darauf an, was wir in diesen inneren Bildern sehen, sondern auch wie wir es sehen.

Achten Sie einmal darauf: Wenn wir uns an Szenen erinnern, die sehr positiv für uns waren, dann sind diese inneren Bilder meist farbig, lebendig und sehr groß, mit Bewegung, mit Ton und vielleicht auch mit Musik verbunden.

Wenn wir dagegen innere Bilder sehen, die uns negative Erinnerungen bringen, dann sind diese Bilder oft schwarz-weiße Standbilder und relativ klein und ohne zusätzliche Musik oder Töne.

Dieses Prinzip können wir uns zu Nutze machen. Wenn wir negative Erinnerungen haben, verändern wir einfach mal die Art und Weise, wie wir diese Bilder sehen.
Machen wir sie farbig, größer, mit Bewegung und mit Sprache und Musik und wir werden merken, dass sich unser Befinden, unsere Gefühle, die wir damit verbinden, sofort zum Positiven hin verändern.

Mein Tipp: Achte nicht nur auf das 'Was' sondern auch auf das 'Wie' deiner Gedanken!

Tipp Nr. 98

Wann haben Sie Ihren Lieben das letzte Mal gesagt, dass Sie sie gern haben?

Die meisten Menschen nehmen eine Partnerschaft, eine Beziehung zu Ihren Kindern oder zu den Eltern als selbstverständlich hin. Dabei ist es in einer Partnerschaft genauso wie mit unserem Körper. Wenn wir ihn nicht trainieren, wenn wir nicht ständig damit beschäftigt sind, ihn zu verbessern, dann werden die Muskeln degenerieren.

Und auch eine Partnerschaft ist nur so gut, wie wir ständig daran arbeiten. Eine Möglichkeit besteht darin, dass wir unserem Partner, unseren Kindern oder Eltern einfach mal wieder sagen, dass wir sie mögen oder sogar lieben.

Zugegebenermaßen kommt uns diese Aussage oft nur schwer über die Lippen. Aber ich kann Ihnen eins versprechen – es wird Ihnen und dem anderen unendlich gut tun.

Mein Tipp: Sag mal wieder: "Ich liebe dich!"

Tipp Nr. 99

Unsere Körpersprache verrät, wie wir uns fühlen.

Das kennen wir alle, dass wir einem anderen Menschen ansehen, wie es ihm geht:
Wenn er glücklich ist, strahlt er über das ganze Gesicht, er hat eine aufrechte Körperhaltung, der Kopf ist nach oben gehoben, er atmet tief und hat eine gute Spannung im Körper.
Wenn jemand dagegen depremiert ist, lässt er die Schultern nach vorne hängen, der Kopf hängt, die Mundwinkel zeigen nach unten, er atmet eher flach.

Die Körpersprache und das innere Befinden bedingen sich aber gegenseitig. Das heißt, nicht nur, wenn es uns innen z. B. gut geht, dass wir außen auch eine positive Körpersprache haben, es geht auch anders herum. Wenn wir außen eine positive Körpersprache einnehmen, wird sich das genauso auf unser inneres Befinden auswirken.

Also wenn wir wollen, dass es uns gut geht, dann müssen wir uns einfach aufrecht hinstellen, die Schultern zurück nehmen, Kopf hoch, lächeln, tief atmen und schon werden wir merken, dass wir uns innerlich auch gut fühlen.

Mein Tipp: Gebrauche eine positive Körpersprache!

Tipp Nr. 100

Reagieren auch Sie mit Gegenangriffen, wenn Sie jemand angreift?

Ein Beispiel: Es sagt jemand: "Du bist ein Mistkerl!" oder "Blöde Ziege!". Häufig reagieren wir auf solche Äußerungen mit äußeren oder auch nur inneren Gegenangriffen. So nach dem Motto: "Sieh du dich selbst an, was bist du denn für einer?" oder eben mit einem inneren Dialog: "Wie kommt dieser blöde Kerl dazu, so was zu behaupten?".
Eine solche Reaktion führt aber dazu, dass wir langfristig mit diesem Menschen keine gute Beziehung aufbauen können und vor allen Dingen, dass es uns selbst dabei schlecht geht.

Wesentlich besser ist eine Reaktion, wenn man sich z. B. fragt: "Hat er vielleicht recht mit seiner Meinung?" oder "Will ich nicht daraus lernen?" oder "Ist es eigentlich wichtig, ob er mich nett findet?".
Mit einer solchen Reaktion bleiben wir eher neutral und bei uns, das heißt, wir gehen nicht in Gegenangriff über, was eine Kommunikation, also einen Austausch miteinander, fördert.

Jeder hat mal schlechte Laune und lässt diese an einem anderen aus. Wenn dies aber zu einem Rattenschwanz führt, der die Beziehung zueinander kaputt macht, ist das sehr tragisch.

Deshalb mein Tipp: Reagiere nie mit Gegenangriff, sondern bleib immer bei dir!

Tipp Nr. 101

Welche Dinge sind Ihnen in Ihrem Leben wirklich etwas wert?

Wir haben alle in unserem Leben ganz bestimmte Werte gelernt und diese haben eine ganz bestimmte Reihenfolge. Und nach dieser Reihenfolge treffen wir all unsere Entscheidungen.

Ein Beispiel: Wenn zwei Menschen als Ihre drei wichtigsten Werte Familie, Gesundheit und Karriere haben, dann wird die erste Person, bei der die Familie an erster Stelle steht, ganz andere Entscheidungen treffen, wie die andere Person, bei der z. B. die Karriere an erster Stelle steht.

Wenn beide Personen ein berufliches Angebot bekommen, wo sie auf der Karriereleiter nach oben steigen können, aber das Ganze mit einem Umzug und einer Wochenendehe verbunden ist, dann wird sich der Erste eindeutig dagegen entscheiden, weil für ihn die Familie wichtiger ist. Der Zweite wird sich ohne lange zu überlegen dafür entscheiden, weil für ihn die Karriere wichtiger ist.

Und so entscheiden wir alle gemäß der Werte, die für uns eine ganz bestimmte Reihenfolge haben. Es ist also ganz sinnvoll, wenn wir uns mal Gedanken darüber machen, welche Werte bei uns ganz oben stehen. Und somit können wir unsere Entscheidungen in Zukunft sehr viel einfacher und schneller treffen.

Mein Tipp: Überprüfe deine Werte!

Tipp Nr. 102

"Es gibt keine dummen Schüler, nur inkompetente Lehrer!"
Diesen provokanten Satz kann man in vielen Kommunikationsbüchern lesen.

Der Hintergrund ist folgender:
Wenn jemand nicht in der Lage ist, einem anderen einen Wissensbereich zu vermitteln, dann hängt das in der Regel nicht daran, dass derjenige, der es lernen soll, zu dumm dafür ist, sondern, dass der **Lehrende** sich einfach nicht auf die Denk- und Lernweise des **Lernenden** einstellen kann.

Jeder Mensch hat eine andere Art zu lernen, eine andere Art Dinge aufzunehmen. Und sehr kompetente Lehrer wissen dies und stellen sich auf die Lernenden ein.

Natürlich ist das nicht nur beschränkt auf die Lehrer in der Schule, denn gerade die haben es ja diesbezüglich besonders schwer. Wenn 30 oder 35 Kinder vor einem in der Klasse sitzen, ist es natürlich schwer sich auf die Lerneigenheiten eines jeden einzelnen einzustellen.

Aber wir alle sind irgendwann, irgendwo Lehrer, wo wir anderen etwas beibringen und da sollte unser Grundsatz lauten:
"Wir sind verantwortlich dafür, dass wir uns auf deren Art und Weise einstellen."

Mein Tipp: Lehre die anderen, wie sie es verstehen!

Tipp Nr. 103

"Wer fragt, der führt!"

Dies ist ein Spruch aus dem klassischen Verkäuftertraining. Ein guter Verkäufer fragt den Kunden, was er braucht, welche Bedürfnisse er hat und was er ausgeben will.

Das gleiche gilt aber auch für uns selbst, auch unser innerer Dialog, unsere Gedanken laufen immer in Frage- und Antwortform ab. Und wir finden immer Antworten auf die Fragen, die wir uns stellen - nur stellen wir uns oft die falschen Fragen.
Wenn wir in der Klemme sitzen und fragen uns "Warum muss immer mir das passieren?" werden wir sicher darauf Antworten bekommen, aber keinen Weg hinaus. Wenn wir uns fragen "Wie konnte es nur zu diesem Problem kommen?" werden wir ebenfalls Antworten bekommen, aber auch keinen Weg hinaus.

Die richtige Art zu fragen, ist also: "Wie komme ich hier wieder raus?", "Welchen Weg kann ich einschlagen, um die Misere zu beenden?", "Was kann ich tun, damit es besser wird?".
Auf diese Art von Fragen finden wir auch Antworten, aber Antworten, die uns tatsächlich einen Weg zeigen zum Besseren.

Mein Tipp: Stell die richtigen Fragen!

Tipp Nr. 104

Haben Sie auch manchmal negative, quälende Gedanken im Kopf?
Kreisen Ihre inneren Bilder immer wieder um belastende Gegebenheiten, die man einfach nicht mehr los wird?

Es passiert uns allen öfters, dass wir negative Bilder und Befürchtungen im Kopf haben, die wir nicht mehr los zu werden scheinen.

Hier hilft ein ganz simpler Trick:
Stellen Sie sich einfach vor, dass diese inneren Bilder plötzlich ganz schwarz sind, dass Sie also nichts als schwarz vor Ihrem geistigen Auge sehen. Wer Probleme hat, sich etwas ganz Schwarzes vorzustellen, der kann es auch mit grau oder mit Nebel versuchen. Vernebeln Sie einfach diese negativen Bilder so lange, bis Sie nichts mehr sehen, nur den grauen Nebel.
Und dann pflanzen Sie in dieses Schwarze oder in den Nebel positive Bilder, Bilder von sich in einer positiven Zukunft, so wie Sie es sich idealerweise vorstellen.

Mit dieser sehr einfachen Technik schaffen Sie es, negative Bilder innerhalb von Sekunden aus Ihrem Kopf zu entfernen und sich mit positiven Bildern zu beschäftigen. Dies wird Ihnen nicht nur einen größeren Seelenfrieden verschaffen, sondern auch die Möglichkeit, sich konzentrierter mit Ihren Zielen zu beschäftigen.

Mein Tipp: Verscheuche die negativen Gedanken aus deinem Kopf!

Tipp Nr. 105

Das Handeln ist immer auf den persönlichen Nutzen ausgerichtet.

Das heißt mit anderen Worten, wir tun immer Dinge, um persönlich einen Vorteil davon zu haben.
Wenn wir dies wissen, ist es leichter, das Verhalten von anderen zu verstehen, vor allem, wenn es im Gegensatz zu dem steht, was wir selber tun.

Unser Gegenüber hat ebenfalls in erster Linie sein eigenes Wohl im Sinn und handelt dementsprechend. Seine Motivation ist bestimmt sehr plausibel. Wenn uns also sein Verhalten nicht gefällt, ist es einzig und allein unser Problem.
Denn umgekeht ist es natürlich genauso, wenn unser Handeln für ihn ein Problem darstellt, richten auch wir uns zunächst einmal danach, was für uns gut ist, und nicht danach, was andere sagen und möchten. Eigentlich logisch!

Und deshalb sollten wir das Verhalten von anderen Menschen zunächst einmal aus deren Warte betrachten. Sie haben sicher einen guten Grund dafür, dass sie es tun. Genau wie wir einen haben.

Mein Tipp: Hab mehr Verständnis für die anderen!

Tipp Nr. 106

Vielleicht kennen Sie den Spruch "Theorie heißt, dass jeder weiß, wie es geht und keiner kann es. Praxis heißt, dass jeder es kann, aber keiner weiß warum!"

Wir meinen oft, um irgendetwas tun zu können, müssten wir möglichst viel Hintergrundwissen haben. Dies hindert uns oft daran, Dinge einfach zu versuchen, neue Sachen einfach anzupacken. Und wir versuchen daher vorab möglichst viel Wissen zu erlangen.

Oftmals hindert uns aber diese Einstellung, überhaupt etwas Neues anzufangen. Wir haben Angst, wir könnten nicht genug Wissen bekommen oder wir scheuen die Zeit, so viel in dieses 'Neulernen' zu investieren.

Dabei hat Können sehr viel mehr mit Tun und Probieren zu tun, als mit theoretischem Lernen. Denken Sie ans Auto fahren oder ans Ski fahren, dies müssen Sie tun und nicht irgendwelche theoretischen Bücher darüber lesen.

Nur das Handeln bringt Sie wirklich zum Können.

Mein Tipp: Warte nicht auf's Wissen, tu es einfach!

Tipp Nr. 107

"Das Leben ist wie ein Bühnenstück, nur dass es oft kein Happyend gibt."

Vielleicht haben Sie dies oder etwas Ähnliches schon einmal gehört, aber da wir diejenigen sind, die unser Leben durch unsere Entscheidungen, durch unsere Handlungen gestalten, kann man wirklich von einer Art Bühnenstück reden.

Wir sind Drehbuchautor, Regisseur und Hauptdarsteller in einem.
Und fragen wir uns einmal, welches Drehbuch wir denn für unsere Zukunft geschrieben haben? Sind wir als Hauptdarsteller ein Versager, ein Feigling, jemand, der nur Misserfolg hat, oder sind wir der Star, eine Art Superman, jemand, der erfolgreich ist, der es versteht mit schwierigen Situationen und Menschen umzugehen.

Dieses Drehbuch, was wir für uns und unsere Zukunft im Kopf haben, hat aber in der Tat einen Einfluss darauf, wie sich unsere Zukunft tatsächlich gestaltet.

Und falls Ihnen Ihr Drehbuch, Ihre Zukunft nicht gefällt, dann schreiben Sie es doch um. Wir können in der Tat jederzeit ein neues Drehbuch schreiben und unser Leben somit in neue Bahnen lenken. Es ist schließlich unser Lebensweg, unser Drehbuch. Und wir entscheiden, was auf der Bühne des Lebens gespielt wird.

Mein Tipp: Schreibe dir dein Erfolgsstück!

Tipp Nr. 108

"Wir sind auf der gleichen Wellenlänge!"

Das haben Sie sicher auch schon zu anderen Menschen gesagt. Dieses Gefühl der gegenseitigen Sympathie kommt ja nur dann zustande, wenn man die gleichen Meinungen hat, die gleichen Interessen vertritt, wenn man sich einfach sympathisch ist. Dieses Gefühl der gleichen Wellenlänge ist allerdings etwas, was man auch aktiv herstellen kann.

Wenn ich mich auf mein Gegenüber einstelle, wenn ich gezielt darauf achte, welche Besonderheiten er in seiner Sprache und in seinem Ausdruck hat, wenn ich mich für seine Erzählungen interessiere, dann komme ich automatisch auf die gleiche Wellenlänge.
Je mehr ich mich in den anderen hineinversetze, desto mehr werden wir uns sympathisch sein, werden wir auf der gleichen Wellenlänge sein.

Wenn uns dagegen jemand unsympathisch ist, wenn wir nicht auf der gleichen Wellenlänge sind, dann werden wir das Gesagte überhaupt nicht richtig wahrnehmen und schon gar nicht befolgen.
Eine gute Kommunikation beruht auf einer gegenseitigen Sympathie und die können wir uns erarbeiten.

Mein Tipp: Stell dich auf den anderen ein!

Tipp Nr. 109

"Wir können nicht verhindern, dass die Vögel der Sorge über unserem Kopf kreisen, doch es liegt an uns zu entscheiden, ob sie Nester bauen dürfen!"

Dieses arabische Sprichwort kann uns in vielen Situationen helfen.
Es ist ganz normal, dass wir öfter einmal von sorgenvollen Gedanken gequält werden, dass wir uns an negative Erfahrungen erinnern, dass wir in tiefer Trauer an irgendwelche tragischen Momente unseres Lebens denken.

Ob sich diese Gedanken aber festsetzen, das ist uns überlassen.
Ein wichtiges Denkgesetz lautet: Nichtbeachtung bringt Befreiung.
Das heißt, wenn wir diese negativen Gedanken bewusst nicht beachten und uns auf etwas Positives, Konstruktives konzentrieren, uns also ablenken, dann bringt uns das Befreiung von den alten Gedanken. Durch Grübeln und sich Sorgen machen wurde noch nichts wirklich zum Positiven hin gewendet.

Mein Tipp: Lenke dich ab mit Positivem!

Tipp Nr. 110

Jeder Mensch erlebt die Welt auf seine eigene Art.

Wenn ich lächle, bin ich froh. Wenn ein anderer lächelt, bedeutet das noch lange nicht, dass auch er froh ist. Vielleicht verbirgt er nur seine wahre Empfindung hinter dieser Maske.

Wenn wir meinen zu wissen, was ein anderer empfindet, dann ist es sehr vermessen, denn jeder hat bei den gleichen Wahrnehmungen völlig unterschiedliche Erinnerungen und damit Empfindungen.

Jeder Mensch hat eine andere Historie, eine andere Geschichte, hat in seinem Leben andere Dinge erlebt.
Und wenn Sie jetzt z. B. eine rote Rose betrachten, dann kann es Ihnen ein sehr gutes Gefühl vermitteln, da Sie damit vielleicht Liebe und Partnerschaft verbinden. Ein anderer hat vielleicht eine rote Rose das letzte Mal auf der Beerdigung seines besten Freundes gesehen und verbindet dadurch sehr negative Dinge damit.

Jeder Mensch findet etwas anderes schön und hässlich, jeder Mensch findet etwas anderes attraktiv oder unattraktiv. Wichtig ist also, dass wir nicht unseren Geschmack auf andere übertragen.

Mein Tipp: Lass den anderen ihren eigenen Geschmack!

Tipp Nr. 111

"Ein guter Gradmesser für unsere bewusste und unbewusste Liebe zu uns selbst ist die Abwesenheit von Selbstsabotage."

Ein Beispiel: Angenommen, Sie würden ein Rennpferd im Wert von einer Million Mark besitzen, das Sie sehr lieben.

Würden Sie es literweise Whisky saufen lassen?
Es permanent mit Hamburgern füttern?
Ihm täglich 60 Zigaretten zu rauchen geben und es jeden Tag 18 Stunden lang ohne Pause hart arbeiten lassen?
Würden Sie ihm die eigentlich berechtigte Ruhepause am Wochenende vorenthalten, in dem Sie es bis mitten in die Nacht in Kneipen und auf Rummelplätzen herum treiben?
Und würden Sie dem Pferd dann noch permanent sagen, dass es nicht gut genug ist?

Oft gehen wir Menschen mit uns selbst so um. Oft sabotieren wir uns selbst in einer solchen oder in einer anderen Art.

Wer sich wirklich liebt, hört auf, mit solcher Art von Selbstsabotage.

Mein Tipp: Sich lieben beginnt mit sich pflegen!

Clemens Maria Mohr veranstaltet neben firmeninternen Seminaren auch regelmäßig offene Seminare zu unterschiedlichen Themen. Auch hat er weitere Bücher, Kassetten, CDs und Videos im Angebot.

Informationen erhalten Sie unter folgender Adresse:

CLEMENS MARIA MOHR

Motivationstraining - Persönlichkeitsentwicklung - Coaching

www.ClemensMariaMohr.de